Albert Bärthold

# S. Kierkegaards Persönlichkeit in ihrer Verwirklichung der Ideale

Albert Bärthold

**S. Kierkegaards Persönlichkeit in ihrer Verwirklichung der Ideale**

ISBN/EAN: 9783742816993

Hergestellt in Europa, USA, Kanada, Australien, Japan

Cover: Foto ©Andreas Hilbeck / pixelio.de

Manufactured and distributed by brebook publishing software
(www.brebook.com)

Albert Bärthold

# S. Kierkegaards Persönlichkeit in ihrer Verwirklichung der Ideale

# S. Kierkegaards Persönlichkeit

in ihrer

## Verwirklichung der Ideale

von

## A. Bärthold.

Gütersloh.

Druck und Verlag von C. Bertelsmann.

1886.

Meinem Freunde

# Hermann Gottsched

in Basel

und

# H. P. Barfod

in Aalborg,

den Herausgebern der Nachgelassenen Papiere Kierkegaards

eignet sich diese Schrift

als Ergebnis ihrer Arbeit in Dankbarkeit zu.

„Ein künstlerisch ausgestaltetes Leben, das mit seinen Schmerzen und seinen Freuden im Dienst der Idee stand und sich für die Idee opferte" — dieses Urteil über Kierkegaards Leben (s. Zur theologischen Bedeutung K.s S. 4) ist wie mir scheint auch der Ausführung wert und ist eine schöne Aufgabe für einen Dichter. Mir liegt aber mehr am Herzen im Leben Kierkegaards die Ausprägung der sittlich=religiösen und christlichen Ideale hervorzuheben.

In jenem Schriftchen nannte ich Kierkegaards Werk wichtiger als seine Persönlichkeit. Nach längerer Beschäftigung mit den nachgelassenen Papieren (denn die überaus schnelle Herausgabe des größeren Teils durch Gottsched — unter zweijährigem Aufenthalt in Dänemark fünf starke Bände — ließ zunächst nur zu flüchtigem Überblick kommen) habe ich deutlicher verstanden, daß das Leben dem Werke ebenbürtig zur Seite steht und seinem Worte den Nachdruck der Per=

wirklichung giebt. Das ist noch nicht nach Gebühr
hervorgehoben.

Professor W. Rudin in Upsala, welcher der
nächste zu der Aufgabe ist durch den Beginn an
„Kierkegaards person och författerskap" wie durch
seine langjährige Kenntnis und Würdigung Kierke=
gaards, wurde zuerst durch die Fülle des Stoffes und
dann meines Wissens durch die Revision der Bibel=
übersetzung aufgehalten, dem ersten Teil den zweiten
folgen zu lassen. In Dänemark ist seit zwei Jahren
N. Teisen für Kierkegaards Recht und bewiesene
Seelengröße auf den beiden angefochtensten Punkten —
in der Sache zwischen ihm und Martensen und in
seiner kirchlichen Polemik — eingetreten, und ist damit
gleichsam auf dem Wege die ganze Persönlichkeit klar=
zustellen. Einstweilen will ich die Lücke einigermaßen
ausfüllen.

Der Umfang des Schriftchens steht zum Inhalt
des Lebens, von dem es redet, in starkem Gegensatz.
Sonst nimmt ein Leben, das im Vergleich mit Kierke=
gaards Leben in Intensität kaum halb ausgelebt ist,
und Selbstbiographien solcher, die im Vergleich mit
ihm kaum halbwachsen sind, mindestens den doppelten
Raum ein. An Stoff fehlt es nicht, da die Heraus=
geber der nachgelassenen Papiere Kierkegaards eignen
sehr reichlichen Aufzeichnungen auch noch wertvollen
Stoff zu einer Lebensbeschreibung beigefügt und jene
in erwünschtester Weise ergänzt haben. Ich habe mich
kurz gefaßt, teils weil diese Schrift insbesondere „S.

Kierkegaard, eine Verfasserexistenz eigner Art" und „Noten zu S. K.s Lebensgeschichte" wird voraussetzen können, teils weil ich glaube, bei Maßhalten im Stoff schärfer hervorheben zu können, was ich hervorzuheben wünsche.

Von Kierkegaard giebt es kein ausgeführtes Bild, nur zwei nachher vervielfältigte Bleistiftskizzen; doch geben sie einen Eindruck von seinem Äußern. Diesen Skizzen mag diese Schilderung gleichen, indem sie die am meisten charakteristischen Züge wiedergiebt. Vielleicht führt eine andere Hand das Bild voller aus. Dieser volleren Ausführung kann auch vorbehalten bleiben, die Zeitgenossen Kierkegaards in schärfere Beleuchtung zu bringen, von denen hier nur die allgemeinen, die typischen Züge wiedergegeben sind. Bei solcher weiteren Schilderung wird sich wie eine Art Entschuldigung zeigen, daß freilich in gewissem Sinn Kierkegaards Gegenwart für die Zeitgenossen ein Unglück war, denn daß er die Ideale so ungewöhnlich ausprägt, drückt nieder, was sonst bewundert und bedeutend geblieben wäre. Seine Größe macht seine Umgebung klein.

Belegt habe ich meine Darstellung nur einige Male; die kontrollieren können, werden ohne Mühe sehen, daß es überall geschehen konnte. Die Tagebücher Kierkegaards sind übrigens nicht ganz einfach zu benutzen. Sie geben keineswegs immer seine persönliche Auffassung, sondern vielfach Entwürfe für eine mögliche öffentliche Äußerung um einen bestimmten Gesichtspunkt geltend zu machen, — Studien zu seinen Werken. Sie sagen indes selbst, daß viel „Produktives" darin ist, und viel Persönliches erst eingetragen ist, nachdem es gleichsam aufgebraucht war (8, 321).

Halberstadt, 17. August 1886.

A. Bärthold.

Ift das Leben nur ein Heldengang, dann ift es im Grunde gleich, unter welchen Verhältniffen es sich bewegt und welche Folgen es hat; es ist doch groß und stärkend und befreiend für jeden, der es verfteht, für jeden, der bei unglücklichem Ausgang ein Auge hat für die Art des Ringens und Tragens. Und in der befreienden, erhebenden Macht eines solchen Lebens erweift es sich, daß der Heldengang auch ein Siegesgang ist. Aber für das Verftändnis ist der Schauplatz und der Erfolg allerdings von Bedeutung. Wenn aus riesigen Steinblöcken eine Mauer gefügt ist, raunt das Volk leicht, daß Riesen sie bauten; wenn gewaltige Erfolge einen Namen durch Länder und Zeiten tragen, glaubt man leicht, daß ein Held sie vollbrachte. Man begehrt dann kaum zu wiffen, ob er sich in allem groß erwies; wenn er es für den Kammerdiener nicht war, was liegt im Grunde daran, es ist schön sich zu erheben an dem Großen, das von dem Großen kommt. Ift daher die Idee eines Heldenlebens in einzelnen Thaten oder in einem erschütternden Schicksalsakt ausgeprägt, so ift es nicht schwer darauf aufmerksam zu machen und die Größe zu zeigen. Anders bei dem Größeren, wo das Leben in seiner Mannigfaltigkeit von Idealität durchleuchtet ist und gerade in seiner Ganzheit und idealen Geschloffenheit mit größeren Wert hat als einzelne Thaten. Dann ist die Größe schwerer zu verstehen, denn sie soll innerlich verstanden werden durch die eigene Idealität, die nicht oft dazu stark und sicher genug ist — bis dann vielleicht ein Dichter hilft, oder, wenn der Abstand größer geworden ist, die Geschichte das Leben auf einen kurzen Ausdruck bringt, vielleicht wie bei den Weisen der Vorzeit in ein Losungswort zusammenzieht, dem sie ihr Zeugnis giebt. Das ersetzt dann das Vermögen, selbst das Große zu erkennen.

Bei Kierkegaard kann wohl kaum ein Dichter helfen, weniger noch wie bei Sokrates. Doch lohnt es die Schwierigkeit gerade auch wieder, daß seine Größe nicht in fernen und seltenen Verhältnissen, die wenigen vergönnt sind, sich zeigt, sondern in dem, was allen gemeinsam ist, in dem einfach Menschlichen, wie abgesondert und seltsam auch sein Leben war. Denn in großer Weise ist das Leid seines Lebens, daß er nicht war, wie die andern und nicht eingehen konnte in die Gemeinschaft der Menschen, dadurch ausgeglichen, daß er die allgemein gültigen Ideale verwirklicht hat, wie sie allen nahe kommen können.

## 1.

Der Mann hat nichts so eigen,
nichts steht so wohl ihm an,
als daß er Treu erzeigen
und Freundschaft halten kann.

Kierkegaard gehört zu denen, die von Kind auf ausgesondert sind, und er ist es in ganz eigener Weise. Äußerlich war nichts Besonderes oder Beschwerendes. Er war kein unglückliches Kind, das in traurigen Verhältnissen aufwächst, er hatte auch nicht in dem Sinn eine harte Kindheit wie sein Vater. Daseinsfreude lag ihm nicht fern. Seine Vaterstadt war Kopenhagen, die freundliche, lebenerfüllte Hauptstadt, in deren Straßen die grünen Buchenwälder und das blaue Meer hineinschauen. Und in der bewegten Stadt fehlte ihm nicht die sichere Umfriedigung. Es war ein für die damalige Zeit wohlhabendes Bürgerhaus, in dem er am 5. Mai 1813 geboren wurde als jüngster von sechs Geschwistern. Waren die Eltern betagt, so war doch der Altersunterschied von den jüngeren Geschwistern nicht so groß. Doch war sein Leben von seinen frühesten Erinnerungen an eine Bürde, ja eine Qual, daß er noch in seinen letzten Jahren nicht ohne Schauer daran zurückdachte.

Nicht daß er Härte und Grausamkeit erduldet hätte, wie manches arme Kind. Der Vater war streng, und es mag wohl sein, daß er manchmal jenes Wort selbst gehört hat, das er im letzten seiner Tagebücher einem strengen Vater in den Mund legt, wenn der Sohn zu eifrig zum Spiel will: her mit Dir, Du Faulpelz, Du bleibst zu Hause, Du kannst hungern und lernst das Register in Riſes Geographie auswendig. Aber legte die Strenge einen Druck auf den Knaben, so war in ihm auch genug Spannkraft, die unter dem Druck erstarken konnte. Nicht die Strenge des Vaters machte ihn zu einem unglücklichen Kinde, denn sie war nicht von der Art, daß sie die Liebe verdeckte, und der Sohn liebte den Vater und liebte ihn am höchsten von allen Menschen. Doch war es der Vater, der ihn unglücklich machte und zwar mit seiner bekümmerten Liebe. Als Sören

Aaby sechs Jahre alt war, starb sein Bruder Sören Michael
infolge eines Stoßes beim Spiel; deshalb hielt der Vater
den schwächlichen jüngsten Sohn ängstlicher bei sich und weckte
zu früh den Geist des Knaben. Den tiefsten Grund seines
Unglücks kann man in einem ursprünglichen Mißverhältnis
zwischen Geist und Körper sehen, denn er ist ein gewaltiger
Geist in schwächlichem, kränklichem Körper. Goldschmidt, der
das meiste gethan, ihn zu verkleinern, schrieb gleich nach seinem Tode: „er war unstreitig einer der größten Geister, die
Dänemark hervorgebracht;" schon von dem 32jährigen sagte
Professor Hauch in einem Trostbriefe an P. C. Möller, als
sie zusammen einen Schlag von Kierkegaard empfangen hatten: „er ist ein Heros!" — Aber bei dem Geist liegt doch
die Stärke nicht in einem angeborenen Maß, sondern in der
Stärke des Bewußtseins, mit dem der Geist zu sich selbst
kommt. Und das geschah bei Kierkegaard durch den Vater
so früh und so stark. Die außerordentliche Dialektik des
Vaters machte ihn reflektiert, so frühe und in einem Maße
reflektiert, daß er alt geboren schien, daß er nie Kind war,
nie die unmittelbare Lebensfreude des Kindes, nie dies unmittelbare Vertrauen zum Leben hatte. Denn wie die Unmittelbarkeit das Leben leicht macht, so macht die Reflexion
schwermütig, da sie den unmittelbar gegebenen Lebensinhalt
um und um wendet und zerfasert. Der Sinn wird schwer,
wenn der Inhalt des Lebens leicht wird. Dabei kommt ja
der Geist zum Bewußtsein seiner selbst mit Angst, mit jener
Angst in der Welt, die nach Hamanns Ausdruck der einzige
Beweis unserer Andersartigkeit ist. Der Geist ahnt dunkel
seine Möglichkeiten, und ihm bangt vor ihrer Verwirklichung.

Doch der Vater füllte auch noch selbst die Seele des Knaben mit Angst. Er war ein äußerst schwermütiger Mann. Wohl in der Sorge, daß er bei seinem Alter später nicht Zeit haben möchte, zeigte er dem Kinde nicht bloß die Welt, wie er sie sah, sondern auch das Christentum in seiner strengen Gestalt. Während man sonst besten Falls mit den Jahren dem kindlichen Verständnis des Christentums entwächst, sah Kierkegaard nie das Jesuskind mit den Engeln in der künstlerischen, dichterischen Auffassung, die für das Kind paßt, auch nicht den milden, hilfsbereiten Heiland, dessen blutiger Tod selbst eine Liebestat ist, die rührt. Ihm wurde gleich auf das eindringlichste vor die Augen gestellt, daß die Menschen Christus angespien und gekreuzigt haben, und seine Phantasie und seine Schwermut wurde von dem Schrecklichen erfüllt, ebenso angezogen wie geängstet. Nie ward ihm Zeit gegeben, in der beruhigenden Frömmigkeit zu erstarken, die das Lebensglück in Gott gesichert sieht und getrost spricht: ich habe nie den Gerechten verlassen gesehen; er erfuhr von Anfang an, daß Christus am Kreuz rief: mein Gott, mein Gott, warum hast du mich verlassen, während die Menschen ihn höhnten, daß er ja auf Gott vertraut habe. Nie wurde ihm die glückliche Mitgift der Kindes- und Jugendzeit alles Glückliche und Gute zu hoffen; seine Seele war in Bangen auf das Schlimme und Schreckliche vorbereitet. Denn das eigentliche Unglück war, daß er mit dem Zwiespalt zwischen Gott und Welt, zwischen Geist und Fleisch, wie das Christentum ihn aufdeckt und erregt, nicht auch zugleich die Siegesbotschaft des Christentums vom Überwinden vernahm. In geängsteter Sympathie vermißte er das bei dem Vater. Der

Vater war nicht etwa ein Heuchler, bei dem das Kind einen
Gegensatz zwischen Wort und Gesinnung entdeckt hätte, nein
der Vater war ein frommer Mann, aber Kierkegaard ahnte
eine Unruhe der Reue in ihm und fühlte, daß er nicht Frieden hatte, denn der Vater ging in schwermütiger Reue, die
nicht recht zum Frieden kam. Alles Glück, aller Fortgang
hielt ihn gerade in Unruhe, weil sein Leben die günstige
Wendung bekommen hatte, seit er als Knabe in der jütischen
Heide auf einem Steine stand und in Verzweiflung Gott
herausforderte. Das konnte er bis in sein 82. Jahr nicht
vergessen, — das sollte er ja auch nicht, aber, wie es scheint,
konnte er es auch nicht ganz vergeben sehen. Den Zusammenhang erfuhr Kierkegaard wohl erst im Todesjahr des
Vaters, in seinem 25. Jahr, aber geahnt hat er es von
Jugend auf, und mit Angst erfüllte es seine Seele, daß
Gott den Menschen an einer Schuld in Furcht und Bangen
festhält, um ihn, so oft er will, den Stachel fühlen zu lassen,
gerade im Glück, wo es niemand sieht.*) Er bekam und behielt wohl einen Eindruck von der Liebe Gottes, aber im
einzelnen Fall, in der Anwendung hatte er ihn nicht. Auf
die Prüfungen und Versuchungen, von denen er allzu früh
hörte, sah er nicht mit der Zuversicht des Glaubens, der sie
gesendet weiß, damit er darin siege, sondern mit der Angst
der Schwermut, daß man darin unterliege und schuldig
werde. — Humoristisch sagt er später, daß er als Kind auf
Gott gesehen habe, wie wohl ein Kind von dem Hausarzt
denkt, daß er ein lieber Mann sei, aber doch fürchtet, daß

*) Der erschütternde Eindruck ist bekanntlich im Traum Salomos
geschildert. Stadien, Deutsche Ausgabe (Leipzig, Lehmann). S. 237.

er ihm wehe thut, wenn er ihm nahe kommt. Und dem
Jüngling erschien das Christentum als eine Grausamkeit; es
war ihm, als hätte doch auch er des Lebens froh werden
können, wenn er nur nicht in das Christentum hinein-
gezogen wäre.

So hatte ihn der Vater unglücklich gemacht; so tief
unglücklich und sich selbst bemitleidenswert, daß schon der
Knabe nur eine Hilfe, nur einen Trost fand, den, daß er
durch anscheinende Munterkeit sein Elend verbergen konnte.
Unglücklich war er, weil die schwermütige Weltanschauung
des Vaters seine Unmittelbarkeit vernichtet hatte, unglücklicher
dadurch, daß des Vaters Sorge um die Sünde auf ihn so
frühe überging und das Verhältnis zu Gott und Christus
von Anfang an so bang zusammengesetzt machte.

Doch brachte die Qual seiner Jugend auch Ersatz mit
sich. Der früh aufgestörte und aufs tiefste beunruhigte Geist
entwickelte seine Kräfte in außerordentlichem Maße. Wie
Scheheresade ihr Leben erhielt durch Märchenerzählen, so
mußte er sich im Leben aufrecht zu erhalten suchen durch Beschäftigung in Phantasie, durch Beobachten und später durch
Denken und das Kraftbewußtsein des Willens. Durch das
Geheimnis seines Unglücks von den andern getrennt, war
es ihm natürlich sie zu beobachten und sich in sie hinein-
zudenken, bis er die Stimmungen, Gefühle, Denkweisen und
Leidenschaften mit einer Sicherheit und Schnelligkeit verstand,
als wäre es seine unmittelbare Gabe, daß er durch alle
Hüllen hindurchfühlte, was sich im Herzen regte. Der Verkehr mit dem Vater war ja durch jenes geahnte bange Geheimnis und die beiderseitige Schwermut unterbunden, daß

er nicht in vertraulichem Gespräch sich entfaltete, sondern in dialektischer Behandlung von Problemen Inhalt suchte. Da ward er frühe ein Denker, dessen Lust die Konsequenz war, der den Gedanken tummelte wie ein feuriges Roß, das ihn von dem dunklen Hintergrunde seines Lebens forttrug, wenn es auch immer wieder seinen Reiter zur Heimat zurückbringt. Wie die Taube sich vor dem Raubvogel zu retten sucht, indem sie höher und höher steigt, so versucht man ja der Schwermut zu entfliehen indem man sich immer weiter von sich entfernt.

So war seine Lage ganz die, in der sonst ein junger Mensch nach der Lust des Lebens greift, um zu betäuben, was im Innern sich rührt. Aber sein schwächlicher, kränklicher Körper ließ ihn wohl jede Unvorsichtigkeit zu teuer büßen und seine allzeit wache, allzuentwickelte Reflexion ließ ihn nicht genießen. Ihm war es nicht gestattet am Lebensgenuß erst Freude zu haben und dann ihm allmählich zu entwachsen, wenn der Geist sich weiter entwickelt. Bei ihm ist die Lebenslust, die Daseinsfreude ursprünglich verhindert, und gerade deshalb erschien sie ihm lebenslang so schön, so beglückend, und so streng erschien ihm die Forderung ihr zu entsagen, weil er sie eigentlich nur kannte, wie sie sich der Phantasie zeigt, nicht wie sie sich enttäuschend zu erfahren giebt, wenn man ihr reichlich nachgeben kann. Einzig in dieser Beziehung läßt sich sagen, daß Kierkegaard der Wirklichkeit nicht nahe gekommen sei, weil die Beruhigung, das Glück des unmittelbaren Lebens, ihm schöner erschien, als es wohl in Wirklichkeit ist.

Aber so entwickelt sein, daß man von den Gütern

keinen Lebensinhalt haben kann, das bedeutet ursprünglich
auf sich angewiesen sein, auf sich selbst halten, sich selbst
geltend machen müssen — positiv oder negativ. Es stellt
an den Scheideweg, wo der eine Weg abbiegt in dämoni-
schen Trotz, der das Dasein haßt, weil ihm seine Freude
versagt ist, der am Dasein sich rächen will, weil es ihn übel
behandelt — und wo der andere Weg zum Religiösen, zu
dem Trost der Ewigkeit über die Zeitlichkeit hinführt. Viele
scheinen an dem Scheidewege selbst stehen zu bleiben, bald
einen Schritt auf dem einen Wege versuchend in bittrer An-
klage des Daseins und im Hadern mit Gott, bald einen
auf dem andern Wege im Greifen nach Gott, oder auch
einen Schritt rückwärts, wenn ein Hoffnungsschimmer sich
zeigt, daß sie wieder nach dem greifen, was sie schon auf-
gegeben hatten — bis darüber allmählich der Geist ermattet
und das Leben in Geistlosigkeit endet. Aber ein energischer
Geist kann sich nicht lebenslang in diesem zweifelnden Schwanken halber Gedanken hinhalten und hintäuschen. Und dann
liegt für den Menschen von Fleisch und Blut die Wahl des
Hasses gegen das Dasein immer am nächsten; für Kierkegaard war sie noch besonders nahe, weil ihm der andere
Weg, die Wendung in das Religiöse, der ohnehin eng ist,
noch durch die Kindheitseindrücke verbaut war, die ihm das
Ärgernis am Christentum am nächsten brachten. Seine
Entwicklung schlug auch diese Richtung durch stoische Ver-
härtung ein.

Ironische Existenz war für ihn gleichsam gegeben. „Die
Herrlichkeit der Welt nicht erlangen können, wird niemals
Ironie, aber sie über alle Maßen haben können (wozu ja

Geist gehört), und dann sie doch nicht nehmen können; die
Geliebte nur allzu leicht haben können, wenn sie selbst darum bittet, und sie doch nicht nehmen können — weil ein
schwermütiges Geheimnis oder ein schwermütiges heimliches
Wissen hindert: das wird Ironie." Und so erhob er sich
früh in stolzer Ironie über alles, was mit dem Tierischen
am Menschen zusammenhängt, und dazu gehört ja nicht bloß
das Sinnliche, sondern ebensosehr alles Aufgehen und Leben
in Gesellschaft, Partei und Kameradschaft. Der entwickelte
Geist ist stolz, stolz in Selbstbehauptung und Selbstwertung,
denn, wenn er zu sich selbst kommt, kommt er zum Bewußtsein seiner Kraft, und wie Kierkegaard den Druck des Daseins und die menschliche Gebrechlichkeit ursprünglich erfuhr,
so gewann er auch in entsprechendem Maße Gehobenheit im
Bewußtsein der Geistesmacht. Seine Meinung vom Menschen ist, daß er nicht etwa ein Spielball des Daseins, ein
Knecht der Verhältnisse ist, der sich müßte schieben und stoßen
lassen, sondern daß er ein Gigant ist, der Riesenkräfte hat,
wenn er nur richtig angestrengt wird, daß er herrschen kann,
weil er Geist ist. Wohl ist man sterblich, aber man kann
auch sterben ohne den Tod zu fürchten und groß sein im
Tode; man kann alles ertragen und allem Trotz bieten.
Und ist man dem Dasein unterworfen, so kann man es auch
ins Wanken bringen gleich den Titanen der Sage. Inmitten der Menschenart ist man ein Ganzes für sich, sich
selbst genug, so sehr, daß es einen gerade befriedigen kann,
sein Bewußtsein, sein Verständnis von sich selbst für sich
allein zu haben und das Urteil der andern ironisch zu genießen, für einen Nichtsthuer, für einen Egoisten zu gelten,

während man im Geheimen erprobt, daß man das Gegenteil vermag. Im Willen, in der Kraft zu wollen liegt die Stärke und Herrschaft des Geistes noch in ganz anderem Grade als in der Erkenntnis.

Welche unerschrockene Kühnheit im Denken, welche zweifellose Kraft im Wollen dieser sich selbst entwickelnde und sich selbst behauptende Geist gewann, versteht sich wohl gerade im dritten Teil der Stadien, wo doch seine Kraft gebunden ist. Von seinen gedichteten Personen lag ihm wohl Konstantin Konstantius mit seiner Verstandesverhärtung am nächsten, aber die dämonische Kälte des Johannes in Entweder-Oder und in den Stadien liegt in derselben Richtung. Die Voraussetzungen dazu waren da, sein Geist war gehärtet und geschmeidig genug. Und scharf und klar wie er sieht, bleibt er sich auch bewußt, daß er den Weg der Verlorenheit betreten hatte. —

Im Tagebuch von 1838 steht unter dem 1. April:

„Eine so lange Periode ist wieder hingegangen, in der ich mich nicht zu dem Mindesten sammeln konnte. — Ich will nun sehen wieder einen kleinen Anlauf zu nehmen: Paul Möller ist tot."

Danach steht:

„Ich saß heut morgen in der frischen, kühlen Luft ein halbes Dutzend wilder Gänse fliegen; erst standen sie gerade über meinem Haupt, dann ferner und ferner und zuletzt teilten sie sich in zwei Flüge und wölbten sich gleichwie zwei Augenbrauen über meinen Augen, die nun in das Land der Poesie hineinschauten." Und endlich am 2. April:

„Ich war da, um Nielsen (Paul Möllers) „Freude über

Dänemark" vortragen zu hören, aber ich wurde so seltsam
ergriffen von den Worten: „Gedenkt ihr an den weit ver-
reisten Mann" — ja nun ist er „weit verreist" — aber
ich wenigstens will wohl seiner gedenken."

Diesem Paul Möller, geb. 1794, gest. 13. März 1838,
der nach Aufgabe seines Pfarramtes Professor der Philosophie in Christiania und Kopenhagen war, widmete Kierkegaard denn auch sechs Jahr später sein Buch „Der Begriff
Angst" in der Erinnerung an ihn, den glücklichen Liebhaber
der Griechen, den Bewunderer Homers, den Mitwisser des
Sokrates, den Erklärer des Aristoteles, der „weit verreist"
doch seine Bewunderung, sein Sehnen ist. Daß Paul Möller
auch seinerseits dem jungen Kierkegaard herzlich nahe stand,
bewies er damit, daß er ihm noch von seinem Sterbebett
durch Professor Sibbern sagen ließ, er solle sich doch ja hü-
ten einen zu großen Studienplan anzulegen, er selbst habe
davon viel Schaden gehabt. Und dieser Paul Möller sagte,
und Sibbern mit ihm, öfter zu dem jungen Kierkegaard: Sie
sind so durchpolemisiert, daß es schrecklich ist. Dieses Wort
in diesem Munde macht wohl verständlich, daß Kierkegaard
sagt, er sei sich selbst in seinem 25. Jahre eine rätselvoll
entwickelte, außerordentliche Möglichkeit gewesen.

Doch war er darunter bereits auf das Christentum
hin gerichtet. Der Vater hatte ihn darauf verpflichtet; das
band ihn stärker als die Konfirmation durch Mynster. Und
es war nicht bloß eine äußere Gebundenheit; das Christentum ist eben die Geistesreligion und zog den Geist an. In
einer Art sympathetischer Antipathie oder antipathischer Sympathie wurde er hingezogen und war entschlossen für seine

Wahrheit einzutreten, mindestens niemand in seine tiefsten Zweifel und Einwendungen einzuweihen. Er wünschte, wovor ihm doch bangte, er bangte vor dem, was er doch wünschte; da sammelte er sich hindurchzubringen. Am 6. Juli 1838 schreibt er in sein Tagebuch: „Fixe Ideen sind wie ein Krampf im Fuß — das beste Mittel dagegen ist aufstreten." An diesem Tage ging er allein zum Abendmahl und bedenkt auf ein weit innerliches Verhältnis zum Christentum hinzuarbeiten. Darin half ihm der Vater durch seinen Tod am 9. August 1838. Mit dem Toten ließ sich nicht mehr disputieren, alles, was er in schwermütiger Sorge dem Sohne gesagt hatte, bekam neuen, bewegenden Nachdruck. In der herzlichen Sehnsucht nach dem Vater im Gefühl der Vereinsamung bedurfte er stärker den Halt an Gott. Da dringt die Einladung: „Kommt her zu mir alle, die ihr mühselig und beladen seid" näher an ihn heran und es ist ihm darin wie ein wehmütiger Klang darüber, daß es den Menschen so schwer drückt dieser liebevollen Einladung zu folgen. Er sagt deswegen, das letzte, was sein Vater für ihn gethan, sei eigentlich, daß er zu dieser Zeit starb. — Nach dem Tode des Vaters machte er denn auch das theologische Examen, das der Vater längst gewünscht hatte.

Bis in sein 26. Jahr lebte also Kierkegaard mit seinem Vater zusammen, und darunter verlor er Kindheit und Jugend, sein Leben war unglücklich und sehr beschwert. Darum ist so bezeichnend für Kierkegaards Geistesgröße, daß er seinem Vater lebenslang Erinnerung und Liebe bewahrte. An einen Verstorbenen lebenslang mit Trauer gedenken, ist nicht ohne weiteres groß, auch nicht immer ein Beweis von Gemütstiefe. Wenn mit dem Verstorbenen zugleich das Glück oder das Behagen des Lebens schwand, dann bringt sich der Verlust selbst beständig in Erinnerung, wenn man jeden Tag wehmütig fühlt, es ist nicht mehr wie damals! Da wird man eher von der Erinnerung festgehalten, als daß man sie festhält, man kann nicht vergessen und verschmerzen, weil man das vergangene Glück nicht verschmerzen kann. Aber wenn die Liebe lebenslang bewahrt wird, während doch die Erinnerung an das Zusammenleben unglücklich ist, wenn das Recht der Liebe gegen den Widerspruch der Erinnerung gleichsam beständig erkämpft und behauptet werden muß, das ist Größe, gleich der Größe der Sanftmut, welche Lieblosigkeit erfährt und Liebe bewahrt, gleich der Größe des christlichen Gelsdes, der unbeirrt durch alle Erfahrungen in der Liebe zu den Menschen beharrt.

Denn bei Kierkegaard wird das Verhältnis zu seinem Vater nicht in der Erinnerung verklärt, wie sonst wohl die Trauer verschönend umblchtet — dazu ist seine Reflexion zu klar und scharf, zu mannhaft und zu wahr. Es bleibt dabei, daß ihn der Vater eigentlich unsinnig erzogen, daß er ihn unglücklich gemacht hat; aber ebenso beständig hält Kierkegaard auch fest, daß ihn der Vater in schwermütiger Liebe unglücklich machte. Das durchdringt seine Reflexion und findet darin unerschöpflichen Inhalt. Wie die unmittelbare Liebe sich an dem Glück nährt, das sie dem Geliebten verdankt, und die Hochherzigkeit sich an der Ungerechtigkeit erhebt, um sie mit Gutem zu vergelten, so entspricht der Reflexion ein Liebesverhältnis, in dem die Liebe unglücklich machte. — Wie seine Reflexion alle Erinnerung an den Vater durchdrang, um Liebenswertes und Bewundernswertes herauszugewinnen, davon giebt eine Aufzeichnung aus dem Jahre 1850 ein Beispiel. „Eines Tages warf ich ein Salzfaß bei dem Mittagessen um. Leidenschaftlich wie er war und heftig, wie er leicht werden konnte, begann er in einer Weise zu schelten, daß er sogar sagte, ich wäre ein verlorener Sohn u. dgl. Da machte ich Einwendungen und erinnerte an eine alte Geschichte in der Familie, daß meine Schwester Nikoline eines Tages eine sehr kostbare Schüssel zerbrach, und der Vater nicht ein Wort sagte, als wäre es gar nichts. Er sagte: ja siehst Du, das war ein so kostbares Stück, daß man nicht zu schelten brauchte, sie fühlte schon selbst, daß es schlimm war; aber wenn es eine Kleinigkeit ist, da soll man gerade schelten. — In dieser kleinen Geschichte ist etwas von der Größe des Altertums. Diese Objektivität, die nicht schilt nach dem, wie man selbst betroffen wird, sondern rein objektiv nach dem, was Schelte erfordert.“ So macht sein liebevolles Durchdenken zu einer glücklichen Erinnerung, was zunächst eine peinliche Erinnerung sein konnte.

So bewahrt er seinem Vater die Liebe; und das eigenartige Verhältnis zu seinem Vater ist gerade wie darauf berechnet offenbar zu machen, welche Stärke der Liebe Kierkegaard hat. Es ist gewiß schön, daß er zu sagen pflegt, den zu lieben, der einen aus Liebe unglücklich machte, sei gerade für den reflektierten Menschen die gegebene Weise. Aber es ist vielmehr so: wer den lieben soll, welcher ihn unglücklich machte in fehlgreifender Liebe, der wird darauf geprüft, ob er in sich selbst Liebe hat. Denn dann muß ja die Liebe

16

mit ihrer eignen Kraft gegen die Erfahrung festhalten, daß
es bei dem andern doch Liebe war, obschon sie unglücklich
machte. Macht die Liebe glücklich, so hat man ja unmittelbare Gewißheit und beständige Bezeugung davon, daß es
Liebe ist; da wird nicht offenbar, ob Liebeskraft in einem
selbst ist. Kierkegaard bestand die Probe. — Aber gewiß,
die Kraft und Beständigkeit der Liebe beweist sich noch nicht
in Worten oder Gedankenbewegungen, sie erweist sich im
Handeln und Opfern — am meisten, wenn die Kraft der
Liebe den zum Handeln und Opfern bringt, der sonst weit
davon entfernt ist; und umgekehrt erweist sich bei dem feuri-
gen, zum Handeln entflammten Geist die Stärke der Liebe
in dem Maße, wie sie ihn zurückhalten kann. Deshalb erweist sich Kierkegaards Liebe zu seinem verstorbenen Vater
in durchgreifendster Weise in seinem Verhalten gegen den
Bischof Mynster.

Der Vater hatte Mynster hoch verehrt und sozusagen
alles versucht, um den Sohn auch in diese Verehrung einzuführen. Kierkegaard erzählt, daß ihm der Vater zuweilen
einen Thaler versprach, wenn er ihm eine Predigt von
Mynster vorlese und vier Thaler, wenn er die gehörte Predigt niederschriebe. Das that zwar Kierkegaard nicht, sondern hielt dem Vater vor, es sei nicht recht seinen Wunsch
nach Geld so zu benutzen. Doch ward er, wie er sagt, mit
Mynsters Predigten gleichsam aufgezogen, und er bewunderte
ihn auch. Mynster war ein bedeutender Mann, nicht bloß
durch seine Stellung der erste Bischof des Landes, sondern in Wirklichkeit der Führer und Träger der Kirche.
Ästhetisch angesehen, nach menschlichem Maß gemessen, fand

ihm Kierkegaard immer bewundernswert. Doch fand er auch mehr bei ihm. Gegenüber Grundtvigs Weise, in große historische Fernsichten die Phantasie auswandern zu lassen, oder den Grund, warum sich die Herrlichkeit der Kirche nicht zeige in der äußeren Beschränkung, im Druck der Staatsgewalt zu suchen, sprach ihn Mynster an, der alles auf die Persönlichkeit zurückführte und anwendete. Denn daß da „die Schlacht geschlagen werden sollte," war Kierkegaard von früh an klar. Bei Mynster sah er auch die Kraft der Erneuerung, häufig wiederkehrenden Handlungen die Feierlichkeit und Weihe zu geben, als wäre es das erste Mal.

Je mehr nun aber Kierkegaard in das Christentum eindrang, um so mehr Mängel sah er bei Mynster, nämlich Mängel in seiner Verkündigung des Christentums, und den Schaden, den er in seiner Stellung damit anrichtete. Zunächst den Mangel, daß Mynster nicht im Charakter seiner Predigt war, und dadurch abschwächte. Sein Leben folgte nicht dem Schwunge seiner Rede. Mit aufgerichteter Gestalt, mit erschütternder Kraft rief er, daß er bereit sei, wenn es gefordert würde, sein Leben, sein Blut, sein Alles zu opfern — aber mit großer Klugheit wußte er, auch wenn die kirchliche und religiöse Opposition hochging, ernsten Zusammenstößen auszuweichen und seine Stellung ungeschädigt zu erhalten. Die Anstellung eines einzelnen Kandidaten „mit bischöflicher Bekümmerung" zu hindern, dazu war er der Mann, aber wenn es sich um Grundtvig handelte, oder wie in den letzten Jahren um Monrads Bischofsweihe, da fügte er sich. Sein Ansehn, seinen Einfluß wußte er aufrecht zu erhalten, aber festzustehen, wo er äußerlich verlieren konnte,

festzustehen um auszubrücken, daß es etwas giebt, worauf
unbedingt und unter allen Umständen gehalten werden soll,
das war nicht seine Sache. Er konnte so bewegt sein bei
dem Gedanken an die Glaubenshelden, und konnte so em-
pfindlich sein, wo eine Verkleinerung seiner Stellung drohte.
Diese Weltklugheit, mit der sich Mynster in seiner hervorragenden Stellung alle Annehmlichkeiten sicherte, nahm seiner
Verkündigung die eingreifende Kraft, aber seine Darstellungs-
weise bewegte sich auch selbst in derselben Richtung, sie lief
doch auch auf das Dichterische hinaus — auf das Goethesche
— wie Kierkegaard zu sagen pflegt, daß das Ideale, das
Wahre und Große, auch die großen Persönlichkeiten, ein
Gegenstand der Betrachtung wird, woran die Phantasie sich
erfreut, der Sinn sich weitet und erhebt, aber wonach man
sein eigenes Leben weder einrichtet noch beurteilt; daß man
das Große versteht und darstellt und genießt, aber nicht davon weiß, was es als persönliche Aufgabe bedeutet.

Gerade an Mynster studierte Kierkegaard gleichsam den
Trug der Beredsamkeit, welche wohl rührt und erhebt, aber
über den persönlichen Abstand täuscht, weil sie das Große
in Phantasie fern hält, als habe es seine Stelle in der
Wirklichkeit nur in fernen Zeiten oder unter seltenen Umständen. So wird die Wirkung rein ästhetisch. In dieser
ästhetischen Erhebung wird man von sich selbst abgeführt,
persönlich beruhigt vertieft man sich in das Ideale, aber
kommt sich auch nicht so weit nahe, daß man seinen Abstand
von dem Ideale fühlte. In dem Verstehen und Beurteilen
des Großen bekommt man den Schein der Idealität, doch
das Bewußtsein erwacht nicht, daß alles Wissen und Ver-

stehen des Großen und Guten nur schuldiger macht, wenn man es nicht thut. Man bekommt eine Schein-Idealität, die ohne jedes Verständnis der Verwirklichung hoch im Urteilen einherfährt. Im Schwunge solcher Rede ergeht über den reichen Jüngling im Evangelium das Urteil, daß er nicht vollkommen war, da er sich nicht entschließen konnte alles hinzugeben, während der wahre Christ allezeit willig ist, alles hinzugeben. Und diese Darstellung der christlichen Idealität rührt, und der Redner wird gefeiert, während die Ausführung in der Wirklichkeit, und die Aufforderung zur Ausführung Anstoß geben würde als eine lächerliche Übertreibung. In solch dichterischer Darstellung kann man das stärkste hören in der erhebenden Empfindung mit dem Höchsten vertraut zu sein, und wird dadurch bethört. Wie der Redner von sich sagt, so meint auch der Zuhörer imstande und willig zu sein, das Höchste zu thun — wenn es gefordert würde; aber ist dabei in der „Erbauung" so fern von der Wirklichkeit, daß die Forderung ihm gar nicht nahe kommen kann. — Wohl erreichte Mynster etwas, ja alles, was auf diesem viel betretenen Wege erstrebt wird und erreicht werden kann. Durch seine bedeutende Persönlichkeit, durch seine Bildung, seine Überlegenheit drückte er in den vornehmen und vornehmsten Kreisen die Überzeugung durch, daß kein tieferer und ernsterer Mensch, kein Gebildeter das Christentum entbehren könne. Aber mit dieser Anerkennung ist dem Christentum nicht gedient und den Menschen auch nicht, wenn sie doch nur in ein Phantasie-Verhältnis zum Christentum hinein- und von sich selbst abkommen.

Nicht einzelne Glaubenswahrheiten des Christentums

2*

entkräftete Mynster, nein, er hielt das Bekenntnis der evan-
gelischen Kirche fest, aber das Christentum selbst schwächte er
ab. Er verkündigte es wesentlich beruhigend, als das
beste Mittel, das Gemüt zu beruhigen und das Dasein zu
verklären. Eine solche idealisierende Ergänzung des Daseins,
eine Umfriedigung und Weihe des Lebens sucht man ja zunächst in der Religion, und daher ist die Versuchung groß,
das Christentum so darzustellen, daß es diesem Bedürfnis
am vollkommensten entspreche. So stellte es denn auch
Mynster hin als den milden Trost für die Leidenden, und
als den Trost, den keiner verschmähen soll, da keiner wissen
kann, wie bald er ihn braucht; und andrerseits wieder als
die Weihe des Glücks, daß das Glück Gottes Segen sei —
als wäre Gottes Gedanke und Wille erfüllt, wenn man
durch „Ausbildung seiner Gaben" oder sonstige Anstrengung
eine befriedigende Stellung in der Gesellschaft einnimmt.

Kurz Mynster repräsentierte gerade die Weise, welche
Kierkegaard immer schärfer als das Unglück der Christenheit
und als eine dreiste Verdrehung des Christentums verstand.
Gerade gegen diese Auffassung des Christentums wollte und
sollte Kierkegaard durchbrücken, daß das Christentum Geistesreligion ist, daß es den Geist im Menschen entbinden und
zu unvergänglichem Wesen entwickeln soll. Während Gottes
Langmut im Vergeben der menschlichen Gebrechlichkeit Rechnung trägt, soll zugleich der Druck der Anforderung in über-
weltliche Kraft einführen. Wohl wußte Kierkegaard auch, daß
daneben das Christentum die verjüngende Kraft und das
Heilmittel für die menschliche Gesellschaft ist, und der Ein-
heitspunkt mit Mynster war, daß beide das Bestehende durch

das Christentum erhalten und stützen wollten — aber in
schroff entgegengesetzter Weise. Mynster that es diplomatisch,
durch Verschleiern und Idealisieren des Zustandes, durch
klugen Gebrauch kleiner Mittel, durch Nachgeben, wenn es
not that; Kierkegaard sah, daß Heilmittel für die Gesellschaft das Christentum allein durch seine Salzkraft ist, durch
die einbringende Schärfe, mit der es immer wieder das Bestehende unter das Ideal demütigt und durch die Forderung
in Bewegung bringt, damit es nicht erstarrt und verrottet.
Ihm ist es unbedingt gewiß, daß Vertuschen des Zustandes
die Sache nur gefährlicher macht und die größtmögliche Redlichkeit im Eingestehen des wirklichen Zustandes und das
Geltendmachen der vollen Auforderung die einzige Möglichkeit für die Erhaltung ist. Mynster dagegen glaubte, daß
durch Freimütigkeit das Bestehende erst ganz erschüttert und
haltlos werde.

Wie Kierkegaard diese seine Stellung mit Bischof Mynster verstand, spricht er in einem bezeichnenden Gleichnis aus.

„Denk dir einen jungen Offizier, wir können ihn ja
als einen tüchtigen jungen Offizier denken.

Es ist in der Schlacht: Unser junger Offizier komman-
diert eine halbe Batterie.

Er sieht, und wir können uns ja denken, daß er richtig
sieht: meine drei Geschütze in diesem Augenblick auf den
Punkt gerichtet, und der Sieg ist unser!

Aber gerade vor diesem Punkte hält sein eigener General, der alte Feldmarschall Friedland mit seinem Stabe.

Denke dir, was der junge Offizier leiden muß! „Ich
bin jung,“ sagt er zu sich selbst, „meine Zukunft wäre ent-

schieben, wenn ich meine Geschütze brauchen könnte. . . .
aber es müßte im Augenblick geschehen." Der Augenblick
geht vorüber. „Was liegt an mir," sagt der junge Offizier
bei sich selbst, „aber die Schlacht konnte entschieden werden,
wenn ich nur meine Geschütze brauchen konnte: o, es ist doch
fürchterlich, daß mein eigener General so hält, daß ich meine
Geschütze nicht brauchen kann."

So hielt sich Mynster in der Schußlinie der Batterien,
die Kierkegaard aufgefahren hatte, um die Schlacht zu schlagen. Wie er dabei interessiert war, sagt deutlicher sein anderes Gleichnis.

„Denke dir ein großes Schiff; wenn du willst, noch
größer als die Schiffe, die man jetzt hat. Laß es tausend
Passagiere an Bord haben, und natürlich im vollsten Maße
mit allem Komfort ausgestattet sein.

Es ist Abend. Im Salon geht es lustig her; alles ist
auf das prächtigste erleuchtet, alles strahlend, die Konzert-
musik klingt, kurz alles ist Freude und Lust und Genuß, und
der Lärm der fröhlichen Lust tönt hinaus in den Abend.

Auf der Kommandobrücke steht der Kapitän, bei ihm
der erste Offizier. Dieser nimmt das Fernrohr vom Auge
um es dem Kapitän zu reichen; der antwortet: ist nicht
nötig, ich sehe schon den weißen Fleck am Horizont — es
wird eine fürchterliche Nacht.

Mit der edlen, beherzten Ruhe des erfahrenen Seemanns
giebt er seine Befehle: die Mannschaft bleibt die Nacht auf,
das Kommando nehme ich selbst.

Er geht darauf in seine Kajüte. Eine große Bibliothek
hat er nicht mit sich genommen, doch hat er eine Bibel. Er

schlägt sie auf, und verwunderlich genug, er schlägt sie gerade auf an der Stelle: in dieser Nacht wird man deine Seele von dir fordern. Verwunderlich!

Nachdem er seine Andacht gehalten, kleidet er sich für den Nachtdienst an und ist nun völlig der erprobte Seemann. Aber im Salon geht es lustig zu. Man hört Musik und Gesang und Konversation; man hört Teller klirren und Champagner knallen, das Wohl des Kapitäns wird getrunken u. s. w. u. s. w. — „es wird eine fürchterliche Nacht;" und vielleicht wird in dieser Nacht deine Seele von dir gefordert.

Ist das nicht fürchterlich? Und doch weiß ich etwas noch Fürchterlicheres.

Alles ist dasselbe, nur der Kapitän ist ein anderer. Im Salon geht es lustig zu, und der lustigste von allen ist der Kapitän.

Der weiße Fleck am Horizont, der ist da; es wird eine fürchterliche Nacht. Aber keiner sieht den weißen Fleck oder ahnt, was er bedeutet. Doch nein, das wäre auch noch nicht das Fürchterlichste; nein, da ist einer, der sieht ihn und weiß, was er bedeutet — aber es ist ein Passagier. Er hat ja kein Kommando auf dem Schiff und kann nichts thun. Um doch das einzige zu thun, was er vermag, läßt er den Kapitän ersuchen bloß einen Augenblick auf Deck zu kommen. Es währt eine Zeit; endlich kommt er, aber will nichts hören und eilt scherzend wieder zu der lärmenden, ausgelassenen Gesellschaft im Salon, wo unter allgemeinem Jubel das Wohl des Kapitäns getrunken wird, wofür er verbindlichst dankt.

In seiner Angst wagt der arme Paffagier noch einmal den Kapitän zu bemühen; aber nun begegnet er ihm unhöflich. Doch der weiße Fleck steht unverändert am Horizont: „es wird eine fürchterliche Nacht."

Ist das nicht noch fürchterlicher? Fürchterlich war es mit diesen tausend sorglos lärmenden Paffagieren, fürchterlich, daß der Kapitän der einzige ist, der weiß, was bevorsteht: o, aber es ist ja doch das wichtigste, daß der Kapitän es weiß, also fürchterlicher, daß der einzige, der steht und weiß, was bevorsteht — ein Paffagier ist."

Daß Mynster mächtig war, band natürlich Kierkegaard nicht im mindesten; er war gerade der Mann, der im Bewußtsein seiner Stärke nur die Starken angreift. Auch war Mynster weder sein Kapitän noch sein General. Kierkegaard war ja nicht in den Dienst der Kirche getreten, er war ganz unabhängig. Was ihn verpflichtete gleich jenem jungen Offizier und gleich dem Paffagier, das war die Liebe zu seinem Vater, der Mynster verehrt hatte. Der Gedanke, daß es seinen Vater freuen würde, wenn er etwas für Mynster thäte, band ihn auf alle Weise, die Autorität des Bischofs zu schonen und alles zu versuchen, ihn aus der Schußlinie zu bringen, ihn zu einer Wendung zu bewegen, durch die er wenigstens beiseite blieb. Die Wahrheit zurückhalten, die er erkannt, um Mynsters willen die Sache gehen laffen, wie sie gehen wollte, das ging ja nicht an; dem Christentum sein Recht zu schaffen, dem Unheil zu wehren, das konnte er nicht laffen; die Energie seines Geistes war an diese Pflicht unendlich vor Gott gebunden. Aber daß er dabei beständig um seines Vaters willen auf Mynster Rücksicht nahm, der

ihm in der empfindlichsten Weise im Wege stand, der gerade
stützte, was fallen mußte, das zeigt auf das nachdrücklichste,
daß in Kierkegaard Liebe war, die sich durch die eigene
Stärke erhielt.

Zunächst ist es Kierkegaards Hoffnung, Mynster zu gewinnen, und diese Hoffnung schien sich auch zu erfüllen. Bei
den ersten Schriften gab Mynster öffentlich ein nachdrück-
liches zustimmendes Urteil ab, und bei der „abschließenden
Nachschrift", in der Kierkegaard sein erstes Ziel erreicht hatte,
sagte Mynster zu ihm: „wir sind Komplemente." Gewiß
ein bedeutender Erfolg. Mynster hatte früher schwerlich
daran gedacht, aber etwas davon gefühlt, daß seine Darstellung des Christentums einer Ergänzung bedurfte. Kierkegaard wünschte ja mehr; nicht mehr Anerkennung, nein,
gerade im Gegenteil, er wünschte, daß Mynster selbst diese
Ergänzung aufnähme. Kierkegaard wollte sie ihm gern in
die Hände spielen, damit sie in Mynsters Munde nachdrücklicher wirke, er war willig, nichts als der Souffleur zu sein.
Ging indes Mynster nicht darauf ein, dann war durch seine
Anerkennung der Ergänzung doch erreicht, daß Mynster außer
Schußlinie kam. Da war ein Zusammengehen und Zu-
sammenwirken möglich. Es wurde natürlich eine sonderbare
Teilung, Mynster blieb bei seiner „milderen" Darstellung,
die menschlich ausspricht und liebenswürdig erscheinen läßt;
er hatte davon allen Vorteil. Kierkegaard arbeitete auf
eigne Rechnung, um mehr Wahrheit und die Unruhe zur
Verinnerlichung hineinzubringen, er hielt all die Stöße aus
und brachte die Opfer, die dazu gehören. So gingen sie
dann zusammen. Auf solche Teilung haben sich ja zuweilen

Menschen in Liebe und Hochherzigkeit eingelassen. Bei Kierkegaards Sache reichte aber eine solche Anerkennung unter
vier Augen nicht aus. Bekam sie keinen öffentlichen Ausdruck, so schien Mynster für alle andern Kierkegaards Sache
als eine private Sonderbarkeit anzusehen, die das Haupt der
Kirche bei einem Privatmann hingehen läßt, und andrerseits
wurde Mynster, wenn er seine Position äußerlich unverändert
beibehielt, ohne jedes deutliche Zugeständnis, jedesmal mitgetroffen, sowie Kierkegaard den Gegensatz geltend machte.

Im Jahr 1848 kam eine äußerst günstige Gelegenheit.
Da konnte Mynster, ohne sich etwas zu vergeben, erklären,
daß seine Voraussetzungen und seine Weise das Christentum
zu verkündigen, durch die Erfahrungen dieser Zeit widerlegt
sei, daß er nun sehe, es müsse der strenge Ernst, die ge-
bietende Absolutheit des Christentums geltend gemacht werden. Damit konnte Mynster dem Christentum einen Dienst
leisten; in seinem Munde hatte solches Eingeständnis Gewicht.
Kierkegaard drang in ihn, daß er Gott dies Eingeständnis
mit dem Aufgebot seiner Würde, mit der Macht seiner Rede
vor den Zuhörern mache und dann die Zügel ergreife.
Aber vergeblich. Machte Mynster einen Anlauf, so lief er
doch in Phantasterei aus. Er sagte damals in einer Predigt
fast zu stolz: „wenn diese Zeit, die nun bevorsteht, eine Zeit
des Abfalls ist, so will ich dir, Herr, doch treu bleiben —
und ich hoffe auch, daß alle die, welche hier versammelt sind
und so willig Gottes Wort hören, dir treu bleiben werden
— ja ich hoffe auch, daß dies ganze kleine Volk, dessen
Ruhm in der Geschichte ist, daß es ein christliches Volk ist,
dir treu bleiben wird!" „Gute Nacht, Ole, das Geld liegt

im Fenster!" bemerkt Kierkegaard dazu in seinem Tagebuch. „Denn à propos, wovon sprachen wir doch im Anfang? Das war von dem Abfall, von dem merkwürdigen Abfall, daß alle treu bleiben!"

So that denn Kierkegaard sein Bestes, um Mynster zu ergänzen. Er schrieb damals die „Einübung im Christentum" als die einzig mögliche Weise, das Bestehende zu halten. Gerade auch um Mynsters willen war es ihm lieb nur als Herausgeber dieses Buches hinzutreten; persönlich wollte er in Rücksicht auf Mynster nicht aussprechen, was er in der Einübung sagt, daß er keine Predigt gelesen oder gehört habe, die im strengsten Sinn christlich war; so etwas mochte er nur durch einen andern aussprechen lassen. Doch als er das Buch nach zwei Jahren herausgab, das wesentlich jeden Vorwand aus der Verschiedenheit der Zeiten und der Verhältnisse wegnimmt, geschah es gleichwohl, daß Mynster darüber aufgebracht wurde und es ein unheiliges Spiel mit dem Heiligen nannte; doch nur im vertrautesten Kreise. Zu einem offenen Auftreten dagegen konnte er sich nicht aufraffen. Er äußerte nur Kierkegaard gegenüber, daß die eine Hälfte des Buches gegen Martensen, die andere gegen ihn selbst gerichtet scheine. Er halte sich ja auch nicht zu der Wendung bewegen lassen, die ihn sicher gestellt hätte, und so wurde er allerdings indirekt mitgetroffen, wie zurückhaltend und schonend sich Kierkegaard auch hielt. Ungeachtet dieser getäuschten Hoffnungen und vergeblichen Mühen blieb es Kierkegaard ein lieber Gedanke um seines Vaters willen zu thun, was dem Bischof Freude machen könnte; z. B. mit dem Artikel gegen Rudelbach (Verfasser-Existenz S. 119).

Und als er im September 1851 seine schriftstellerische Wirksamkeit mit „Zur Selbstprüfung" zunächst abschloß und seine
Position dabei bezeichnete, that er es in Bezug auf Mynster
in der allerrücksichtsvollsten und schonendsten Weise. Er schrieb
da: „Es ist unter uns ein hochehrwürdiger Greis, der oberste
Geistliche dieser Kirche; was er, was seine Predigt gewollt hat, dasselbe will ich, nur einen Ton stärker, was in
meiner andersartigen Persönlichkeit liegt, und was die Verschiedenheit der Zeit fordert." N. Teisen sagt bei Besprechung dieses Verfahrens: wenn Bischof Mynster sein Vater
gewesen wäre, so konnte er kein Verhalten wählen, das
wahrer war und zugleich von größerer Ergebenheit zeugte.*)
Dem wird sich nicht widersprechen lassen. Und doch that
Kierkegaard, indem er seines Vaters Beichtvater respektierte,
noch mehr. Denn es ist mehr, daß er auch in seinen eignen
Gedankengängen nicht bloß in öffentlichen Außerungen gern
nach einer milderen Erklärung greift, während sein Geist immer mehr im Interesse des Christentums und des Bestehenden entbrennt. So bemerkt er sich z. B. 1850, daß Pascal
empfiehlt, man solle bei Gegnern der Religion mit Beweisen
beginnen, daß sie nicht gegen die Vernunft streite, dann zeigen, daß sie ehrwürdig ist, und Achtung vor ihr einflößen,
dann sie als beglückend aufweisen, und den Wunsch erwecken,
daß sie wahr wäre, was man dann durch unwiderlegliche
Beweise darthut; aber ganz besonders komme es darauf an,
sie liebenswert zu machen. So, fügt er hinzu, lasse sich
Mynsters Weise auffassen und rechtfertigen. Aber er sah

---

*) N. Teisen: Kort Indlaeg i Sagen mellem S. Kierkegaard
og H. L. Martensen. Kopenhagen, 1884. S. 67.

freilich wieder zu gut, daß diese Weise nicht das Interesse des Christentums, sondern das Interesse der Kirche oder der Gesellschaft wahrnimmt, und auch in dieser Beziehung nur Erfolg hat, wenn die Leute im Grunde den Halt an der Kirche zu behalten wünschen. Wenn sie den Mut der Freidenkerei haben, mögen sie eher noch auf eine ungeschminkte Darstellung des Christentums hören. Jedenfalls ist sich Kierkegaard gewiß: daß dem Christentum im Augenblick der Gefahr nur damit gedient ist, daß man die Forderung höher spannt, wie es die alte Christenheit that, wenn der Abfall um sich griff.

All diese Rücksichtnahme war umsonst. Mynster fühlte sich wohl von Kierkegaard umspannt, sagte ihm auch gelegentlich: „beeinflußt von ihnen sind wir ja alle,“ aber fand ihn dabei höchst unbequem. Er fühlte sich durch Kierkegaard geniert, und sein Trost war, wie er öfter zu Kierkegaard sagte, daß es nicht darauf ankomme, wer die meisten Kräfte habe, sondern wer es am längsten aushalten könne. Er rechnete wahrscheinlich darauf, daß es Kierkegaard pekuniär nicht aushalten könne. Dazwischen erlaubte er sich auch einmal die kleine Bosheit, im Druck Kierkegaard und Goldschmidt, von dem nachher die Rede ist, als zwei begabte Schriftsteller nebeneinander zu nennen.

Will man dabei bedenken, wie leidenschaftlich in Kierkegaard die Wahrheitserkenntnis brennt, und bedenken, daß er bei seiner äußerst schwachen Gesundheit so gut wie immer den Tod nahe sieht, und mit dem Tode die Gefahr, daß er nicht dazu kommt auszusprechen, was gesagt werden soll — dann kann man wohl sehen, daß er in großem Maße der Liebe zu seinem Bater treu blieb und nicht müde wurde, ihr Opfer zu bringen.

Die Schonung Mynsters schloß ja noch manche andere Hemmung ein; die empfindlichste war für Kierkegaard unzweifelhaft die Schonung Martensens. Professor Martensen, der Schwiegersohn Mynsters war damals zwar nicht der selbständigste aber der erfolgreichste *) Vertreter der sog. wissenschaftlichen Theologie, die nach Kierkegaards Erkenntnis den christlichen Begriff des Glaubens mit dem platonischen verwechselt, und daher mit Plato die ἐπιστημη über die πιστις stellt. Dieser Umgestaltung des Christentums in einen Gegenstand des wissenschaftlichen Interesses, dieser Entfernung des Christentums ins Objektive mußte Kierkegaard zu allererst entgegentreten. Das that er auch, aber mit aller Schonung Martensens. Der Vertreter der Spekulation ist gerade deshalb bei Kierkegaard immer der Privatdocent, um jede direkte Spitze gegen Martensen zu vermeiden. Und doch wie anders durchgreifend ließ sich mit direktem Angriff gegen den Repräsentanten des Gegensatzes die Sache führen. In den Tagebüchern sind reichliche Proben davon. Da gab ihm Martensen den besten Anlaß, die Schonung beiseite zu setzen. Er machte den unglücklichen Versuch, die umfassend durchgeführte Einsprache Kierkegaards gegen das Ruhen in der Wahrheit an sich durch einige abschätzige Bemerkungen abzuthun. Kierkegaard, von dem es hieß, er sei so reizbar, daß er nicht den geringsten Widerspruch vertragen könnte,

---

*) Martensen erzählt selbst in seinem Leben, daß seine Dogmatik ins Englische, Französische, Schwedische, Deutsche (mit 7 Auflagen) übersetzt wurde, und in der griechischen und römischen Kirche Vorlesungen darüber gehalten wurden.

schwieg dazu; auch ließ er nicht, wie sonst, einen seiner Pseudonymen antworten. Der blendende Erfolg der Dogmatik
stachelte ihn auch nicht dazu auf. Nur in einem Gespräch
sagte er Martensen, wie dieser berichtet, daß er jene Äußerungen besser weggelassen hätte. Da traten besonders zwei
Männer von wissenschaftlicher Bedeutung gegen Martensen
auf; Magister Stilling und Professor Rasmus Nielsen; den
letzteren nennt Martensen im Rückblick auf diese Zeit seinen
genialen Mitarbeiter. Beide waren gleich Martensen bis
dahin Vertreter der deutschen Spekulation in Dänemark gewesen, aber durch Kierkegaard umgestimmt. Martensen schrieb
noch 1883, daß Kierkegaard als inspirierender Geist hinter
dem Ganzen gestanden habe. Die Wahrheit ist, daß er
seinen Einfluß in entgegengesetztem Sinn brauchte, und sich
von Nielsen ausbedang, daß er ihn nicht zum Angriff auf
Martensen ausnütze. Er war wahrlich klug genug zu sehen,
welchen Vorteil es bot, durch diese beiden Männer die Polemik führen, gleichsam die direkte Anwendung machen zu
lassen, aber er wollte es nicht. Martensen gab dann 1850
zur Verteidigung „dogmatische Aufklärungen" heraus, in
denen er Kierkegaards Werke eine weitläufige Litteratur
nannte, mit der er sich nicht habe bekannt machen können,
also wieder den Versuch machte, sie vornehm zu ignorieren,
während sein Sekundant, Professor Scharling ausführte, daß
Martensen ebenso stark wie Kierkegaard die ethische Seite
des Christentums hervorhebe, und betone, daß es ein Existenz-
verhältnis sei. Das erschien Kierkegaard als eine hübsche
kleine Parallele zu der Äußerung des Erasmus, daß er fast
all dasselbe gelehrt habe wie Luther, nur nicht tam atro-

citer und ohne die Rätsel und Paradoxen. So meine Martensen auch dasselbe gesagt zu haben mit Ausnahme einiger Paradoxen und nicht tam atrociter.

Bis auf die feinsten Nerven durchschaute er Martensen, und bei seinem unvergleichlich stärkeren Denken, bei seiner weit überlegenen Dialektik und Geistesmacht war der Streit ihm nicht schwierig. Er schrieb damals (1850) auch eine Reihe Artikel nieder, von denen ich einen hier einfügen will, weil er der sicheren humoristischen Stellung, in der sich Kierkegaard Martensen gegenüber fühlte, Ausdruck giebt, und zugleich dem, was ihn band.

— „Nein, Professor Martensen, so von meinen Pseudonymen und meiner ganzen Verfasserwirksamkeit zu reden, das geht nicht an; Sie setzen sich selbst zu tief damit herab.

Denn lassen Sie mich doch auch einmal in der Weise reden — und vielleicht ist es auch meine Pflicht in der Weise zu reden.

Daß Sie, Herr Professor, ein distinguierter Mann sind, ja das sehen und wissen wir alle. Aber Sie, Prof. Martensen, gerade Sie, besonders als Verkündiger des Christentums, müßten doch so viel tieferes Verständnis vom Leben haben, daß Sie sähen, auch ich bin ein distinguierter Mann.

Nur ist der Unterschied, daß die Zeichen der Aussonderung, die ich trage, nicht wie die Ihren mit dem Glanz des Augenblicks funkeln — sondern nur in der historischen Perspektive sich zeigen als das, was sie in Wahrheit sind.

Ich werde in Karikatur gezeichnet, mit Spottnamen belegt, in der Komödie aufgeführt, von der Menge mit Hohn überhäuft — und um einer guten Sache willen: in der

historischen Perspektive gesehen, wiegt das reichlich so viel, wie
im Augenblick Ritter oder wohl gar Commandeur des Dane-
brog sein. Aber im Augenblick ist das eine nicht das andere — und Sie haben das andere: Sie sind Hofprediger
mit schwarzem Sammet vorn und dem Ritterkreuz darauf,
was sich in der historischen Perspektive gar nicht zeigen wird.
Bis auf wenige Jahre ebenso lange wie Sie in Amtsstellung wirken, habe ich als Verfasser gearbeitet, mindestens
gesagt gewiß ebenso angestrengt wie Sie, — aber ich bin nichts
geworden oder zu nichts gekommen; doch habe ich gearbeitet
— und ich habe einer Idee gedient. Zu historischer Perspektive gesehen ist das eine Auszeichnung, die reichlich so
viel gilt, wie im Augenblick Professor der Theologie an einer
Universität sein. Aber im Augenblick ist das eine nicht das
andere, und das andere haben Sie: Sie sind Professor der
Theologie an der Kopenhagener Universität, Ehrendoktor von
Kiel, was historisch gar nicht interessieren wird.

Ich habe jahraus jahrein auf eigene Rechnung aus-
gehalten, zuweilen Geld zugesetzt, im ganzen die Ausgaben
wieder bekommen, also nichts verdient. Das that ich aus
Ehrerbietung gegen die Sache, der ich die Ehre habe zu bie-
nen, aber unverstanden bin ich gerade deshalb für einen
Sonderling und dergleichen erklärt worden. Gesehen in historischer Perspektive ist das eine kostbare Auszeichnung, die
reichlich dem entspricht, daß man im Augenblick Ansehn genießt als ein ernster und praktischer Mann, der wahrlich
nichts thut, nicht das mindeste, ohne zu wissen, welchen Vorteil er davon hat.

Doch ich breche ab. Wie gesagt, gerade Sie, Professor

Martensen, müßten doch so viel Verständnis vom Leben
haben, daß Sie sähen, auch ich bin ein distinguierter Mann,
von dem ein Lehrer des Christentums nicht so sprechen sollte.
Oder haben Sie denn wirklich über dem ernsthaft Nehmen
der Amtsstellung, des Professors, des Hofpredigers u. dgl.
ganz den Ernst vergessen, was das Christentum eigentlich ist.
    Und nun bloß noch eins. Daß Sie mich doch nicht
gezwungen hätten so zu reden. Ich habe niemals auf mich
genommen einen andern zu verpflichten, ich habe nur mich
selbst verpflichtet. Ich habe gesehen, wie die andern, jeder
in seiner Weise, das Irdische und Zeitliche an sich rissen,
während mir das alles entging; aber ich habe keinen angegriffen — so konnten Sie auch geschwiegen haben. Aber
dies ist zu thöricht. Doch das ist noch das Geringste dabei.
Aber indem Sie mich zwingen, einmal so zu reden, bringen
Sie es möglicherweise zu einer Katastrophe, der wir sonst
vielleicht entgehen konnten, in jedem Fall noch einige Jahre,
was ich beständig gewünscht habe. Es lebt unter uns ein
Greis, dessen bedeutungsvolles Leben etwas ganz Bestimmtes
ausgedrückt hat; es war mein Wunsch, daß alles unverändert
bliebe, bis er unverstört durch eine Umwälzung seine Augen
schließt, schmuck im Tode, wie sein Leben es war. Wie viel
das mich beschäftigt hat, weiß keiner als ich, der ich gerade
von Anfang an ihm nie verhehlt habe, wie uneinig ich mit
ihm war — wie einig ich auch vom ersten Anfang an mit
mir selbst darüber war, daß er groß ist, der einzige auf un-
serm Schauplatz, wie es auch seine Macht ist, die Sie, Professor Martensen, trägt. Bricht es nun früher, Prof. Martensen, so grüßen Sie ihn von mir, und sagen, was die

Wahrheit ist, daß es Ihre Schuld war, Ihre läppische
Wichtigthuerei, während sie erkennlich sein mußten, daß
Ihnen schonend die Freiheit eingeräumt war zu schweigen."

Kierkegaard sah gewiß richtig, daß Martensen wesentlich
nur augenblickliche Bedeutung hatte, Bedeutung für eine Generation, aber das war ja gerade auch die Generation, gegen
die Kierkegaard sich zunächst verpflichtet fühlte. Doch Kierkegaard überwand sich, er blieb seinem Wunsche treu, die
Sache hinzuhalten, solange Mynster lebte. Und es ist wie
ein Zeugnis Gottes, daß es ihm gelang, daß ihm vergönnt
war, so lange warten zu können und doch noch zu sagen,
was ihm im Herzen brannte. Er überlebte den 38 Jahre
älteren Mann um nicht ganz zwei Jahre.

Nach Mynsters Tode (Januar 1854) war es dann
richtig Martensen, der Kierkegaard die zwingende Veranlassung gab frei herauszusprechen. Er feierte Mynster in einer
Gedächtnisrede als einen von den rechten Wahrheitszeugen,
als ein Glied in der heiligen Kette der Wahrheitszeugen von
den Tagen der Apostel her, der in prophetischer Kraft allzeit bereit war sich für die Gemeinde zu opfern — während
nach Kierkegaards Überzeugung gerade die Aufrichtigkeit in
Mynster war, daß er vor Gott und sich selbst willig war
einzugestehen, daß er keineswegs ein Wahrheitszeuge war.
In einer nachgelassenen Schrift versichert auch Mynsters
Sohn, daß sein Vater häufig einen Vers brauchte, der etwa
beginnt:

Zum Glanz der Märtyrerkrone darf mein Aug ich nicht erheben.

Kierkegaard wartete dann noch so lange bis Martensen
zum Bischof ernannt war. Dann erst begann er seinen ent-

scheidenden Einspruch, um dem Spiel mit den christlichen Idealen ein Ende zu machen.

Es ist bezeichnend, daß jetzt die Freunde Martensens sagen: nun sind ja beide tot, nun laß doch die Sache zwischen Kierkegaard und Martensen ruhen. Aber hier behauptet nun die Geschichte ihr Recht und es ist um so weniger unbillig gegen Martensen, da er die dreißig Jahre, um welche er Kierkegaard überlebte, reichlich ausgenutzt hat, um den Toten ins Unrecht zu setzen. Da war ihm ja erst recht die Freiheit eingeräumt zu schweigen. — N. Teisen macht in der angeführten glücklichen Besprechung dieser Sache darauf aufmerksam, daß Martensen, während er heftig gegen Kierkegaard und seine Feststellung der Ideale polemisiert, ihm in derselben Ethik stillschweigend an anderer Stelle recht giebt gerade in Bezug auf den Begriff Wahrheitszeugen (2,400 im Gegensatz zu S. 235 nach der dänischen Ausgabe). Aber eben auch nur stillschweigend und ohne freimütiges Eingeständnis.

Bei seinem letzten Auftreten äußerte Kierkegaard kurz, daß er es so lange hingehalten habe auch aus Pietät gegen seinen Vater. Man verstand nicht, was das sagen wollte, und hielt sich darüber auf, aber in dem historischen Abstand sieht man nun wohl nicht schwer, welche Größe in dieser Pietät liegt, die er unter allen Umständen bewahrte.

\* \* \*

Dieselbe Treue und Beständigkeit im Lieben bewies Kierkegaard von seiner Liebesgeschichte her.

Ist sein Vater der Mensch, welcher menschlich gesehen

am meisten an ihm verschuldet hatte, so fühlte sich sich Kierkegaard Regine Olsen gegenüber am meisten verschuldet —
und da ist es doch bezeichnend, daß er sich nach beiden Seiten gleich erwies.

Als in seinem 27. Jahr die Liebe zu Regine Olsen
ihn ergriff, da erwachte so stark die Hoffnung und die
Sehnsucht auch einmal glücklich und seines Lebens froh zu
werden wie andere Menschen. Seine ursprüngliche, ihm selbst
unerklärliche Ahnung, daß er bestimmt sei geopfert zu werden, meinte er als schwermütige Idee beiseite lassen zu können. Daß er in jener Ahnung und durch seine Erziehung
schon anderweitig „verlobt" war, verstand er noch nicht. So
ward er gleichsam gefangen. Hätte ihn nicht die neue Hoffnung auf Lebensglück geführt, hätte er seine sonstige Sicherheit die Verhältnisse zu überschauen gebraucht, so konnte er
sich mit seiner Geistesmacht die Geliebte in ferner Berührung
sichern und inzwischen von Grund aus erwägen, ob er hei-
raten könne. Dann kam er leichter davon, aber sie wahrscheinlich schwerer. Nun wurde seine Liebe in der ängstigendsten Weise unglücklich; er litt unbeschreiblich, daß er ab-
brechen mußte, weil er die sittlich-religiöse Verpflichtung der
Ehe, die er nach seiner Art in ihrer ganzen idealen Größe
wahrnahm, nicht auf sich nehmen konnte. Daß er nicht ausführen konnte, was er unternommen hatte, während so gut
wie jeder es leicht auf sich nimmt, das demütigte seinen
Stolz und brach sein Selbstbewußtsein. Er mußte hier zum
zweiten Male darunter leiden, daß er keine Unmittelbarkeit
hatte, und erlebte in der ursprünglichsten Weise jenes Elend
des Menschen, daß das Ethische ihn nur schuldig macht und

das Selbstbewußtsein des Geistes bricht, der sich selbst behaupten will. Aber daß er dies bei dieser Geschichte so
bitter erlitt und so zermalmend empfand, liegt wesentlich in
seiner Ritterlichkeit. Denn im Grunde blieb er sich ja gerade
treu darin, daß er an den Idealen um jeden Preis festhielt.
Aber darauf wollte er nicht sehen, damit wollte er sich nicht
trösten, sondern sah auf seine Verpflichtung gegen sie, daß
er sein ihr gegebenes Wort nicht einlösen konnte.

Von all der Hochherzigkeit und dem Seelenleiden, von
der geängstigten Sympathie und den aufopfernden Anstrengungen ihr zu Hilfe zu kommen, nicht sich sondern sie frei
zu machen von jeder schmerzlichen und drückenden Erinnerung,
erzählen die Stadien. Ich will das hier nicht wiederholen,
zumal ich schon in den „Noten zu Kierkegaards Lebensgeschichte" einige Bemerkungen dazu gemacht habe. Hier will
ich nur in kurzen Zügen seine spätere Stellung zu seiner
Verlobten zeichnen.

Wie schon die Stadien andeuten, war seine sympathe-
tische Angst um sie eigentlich überflüssig gewesen, oder erschien doch nachträglich so. Es ging alles glücklich ab. Schon
1½ Jahr nach Aufhebung der Verlobung verlobte sie sich
aufs neue und in der Weise, welche die später geschriebenen
Stadien auch gerade deshalb als die glücklichste begrüßen;
sie verlobte sich nämlich mit dem, welchem sie schon geneigt
gewesen war, ehe Kierkegaard ihr nahe kam. Sie kehrte also
in gewissem Sinn zu ihrer ersten Liebe zurück. Mit Humor
sprach deshalb Kierkegaard unter seinem letzten löblichen Leiden davon, wie es ihn einst geängstet hätte, daß sie, um
einer Verzweiflung Ausdruck zu geben, Gouvernante werden

möchte — und nun sei sie es geworden, da ihr Mann Gou-
verneur in den dänischen Kolonien geworden war.

Er hatte seine Schuld bereut und gebüßt, so konnte er,
wenn er zu hochherzig war, die ironische Auffassung zu wählen, sehr gut den glücklichen Ausgang dankbar hinnehmen
und die Sache abgethan sein lassen. So würde wohl so
ziemlich jeder gethan haben — um so mehr, da man ziemlich
allgemein auch den für einen Herot ansieht, der eine solche
Liebesgeschichte ohne Reue sich wegdichtet. Da zeigt sich nun
die Geschlossenheit und Beständigkeit in Kierkegaards Persönlichkeit. Seine Seele ist zu ritterlich um vergessen zu
wollen, was sie so tief und so stark erfüllt hatte. Sie hatte
ihn beim Abschied gebeten, ihrer manchmal zu gedenken; das
hatte er zugesagt, und dieses Wort löst er in der ritterlich-
sten Weise ein. Mit allem Scharfsinn der Liebe, und die
Liebe ist ja reichlich so scharfsichtig und so erfinderisch wie
der Haß, wird die Erinnerung so gewendet, daß er ihr in
Dankbarkeit verbunden bleibt. Nicht daß er das Verhältnis
idealisierte und phantastisch ausgestaltete; davon ist bei seinem unbestechlichen Wahrheitssinn und Wirklichkeitssinn keine
Rede. Mit aller Nüchternheit beurteilt er beständig das
Verhältnis und das Verhalten wie Frater Taciturnus in
den Stadien; aber seine Reflexion dringt beständig dahin
durch, daß er ihr viel, ja unbeschreiblich viel zu danken hat.
Nicht bloß, daß sie ihn zum Verfasser gemacht, sie hat ihn
auch weich gemacht und hat ihn durch die Schuld und
Seelenangst in ein ernstliches Verhältnis zu Gott und Christus gebracht, das dankt er ihr lebenslang.

Um ihretwillen schrieb er seine ersten Werke, Entweder-

Oder ebensowohl wie die religiösen Reden; sie waren zunächst auf Regine Olsen berechnet. Die Sympathie mit ihr,
das sehnliche Verlangen, ihr zu helfen, brachte ihn in die
Spannung, in welcher die Schwermut so weit überwunden
ward, daß er zu handeln begann. Und wie so seine ganze
Verfasser-Wirksamkeit, die sein Lebenswerk wurde, von Anfang an ihr geweiht war, so wünschte er sie ihr auch zu
widmen, so weit sie eben einem Menschen zugeeignet werden
konnte. So weit dies die Verhältnisse gestalteten, führte er
den Gedanken bei den zwei Abendmahlsreden vom Jahr
1851 aus, in denen, wie das Vorwort sagt, die schrittweise
vorschreitende Verfasserwirksamkeit ihren entscheidenden Ruhe-
punkt sucht. Seit Jahren hatte er mancherlei Entwürfe zu
dieser Widmung niedergeschrieben; die Verhältnisse gestatteten
aber nur einen verhüllten Ausdruck. Noch in einem Artikel
aus seinem letzten Jahre, der nicht zum Abdruck kam, hatte
er wehmütig gesagt, daß er ihr nächst seinem Vater am meisten schulde, und dem Dank nicht Ausdruck geben könne (9,430).
    In den Stadien ist erzählt, wie sie einst Beschlag auf
sein Gottesverhältnis legte, um ihn zu binden, und wie er
dort voraussagte, so blieb es, sie blieb in sein Gottesverhältnis eingeschlossen. All seine tiefe Sympathie, sein
liebevolles Rücksichtnehmen auf die Menschen, von dem später
zu reden ist, gipfelt beständig in ihr, wie er ja durch sie
Sympathie gelernt hat. Sie repräsentiert gleichsam die andern Menschen, „den Nächsten", und vertritt vor ihm den
Anspruch der Zeitgenossen auf Berücksichtigung. An sie denkt
er zunächst, und muß erwägen, welchen Eindruck sein Vorgehen machen könne, ob es auch nicht verstörend wirkt, wenn

er dies oder das thut, so oder so handelt. Man kann gut
sagen, sie ist ihm im edelsten Sinn „die Nächste", ja man
kann sagen, in der Rücksichtnahme auf sie, in der Verantwortung für sie durchleidet er dieselben Anfechtungen, wie
ein Ehemann, der Entscheidendes wagen soll, und an seine
Frau denkt, was sie dabei empfinden wird. Wenn ihm z. B.
durch die Verhältnisse angeregt die Frage anbringt, ob er
nicht in entscheidender Weise in Armut leben soll, und er
erwägt, ob er es bei seiner körperlichen Gebrechlichkeit vermag — da taucht sofort der Gedanke auf, wie er ihr da- -
durch fremd und beirrend werden würde. Und so wiederholt
in den letzten Jahren; wenn er in entscheidender Weise ausdrücken möchte, daß es gilt um jeden Preis der Rettung des
Geisteslebens nachzutrachten, so fällt ihm aufs Herz: „von
der Art Christentum hat sie keine Ahnung; greife ich das,
führe ich das durch, so ist eine Religionsverschiedenheit zwischen uns." Sie ist nicht seine Dame im romantischen Sinn,
und Unmittelbares und Unwillkürliches ist sehr wenig dabei.
Kierkegaard ist ein Willensmensch, und bewies das gerade
auch ihr gegenüber wie in der Verlobungszeit so nachher.
Er will ihr alle Ehre, alle Rücksicht geben; sie hat ihn bei
Gott gebunden, so will er sich auch vor Gott ihr verpflichtet wissen. Darum denkt er so an sie.

Gerade deshalb ist dieses Festhalten der ersten Liebe
ein Ausdruck der Größe Kierkegaards und hat Idealität.
Man kann gut an Abälard und Heloise denken, aber das
Verhältnis ist in jeder Weise zarter — und ohne gegen-
seitigen Verkehr. Wie hochherzig es Kierkegaard durchführte
bei all seinem Verlangen ihre ausdrückliche Vergebung zu

haben, läßt sich jetzt noch nicht im einzelnen darlegen. Gottsched hat bei der Herausgabe der nachgelassenen Papiere Kierkegaards sicherlich in Kierkegaards Sinne geurteilt, daß dies einer spätern Zeit vorbehalten werden mag. Und daß da einzelne Züge fehlen, wehrt der Gegenwart nicht seine Seelengröße auch in der Durchführung seiner unglücklichen Liebesgeschichte zu sehen.

Die Thormythe achtet für den schwersten Streit des Geistes den mit der Zeit. Kierkegaard bestand in diesem Streit, und behauptete sich unverändert in der Zeit; das nächste ist, daß er auch seiner Zeit standhielt, und sich im stärksten Umschlag unverändert bewahrte.

## 2.

Justum et tenacem propositi sui
non civium ardor prava jubentium
non vultus instantis tyranni
mente quatit solida. —

Der Streit mit einem Witzblatt ein eingreifendes Kapitel in der Lebensgeschichte und Lebensentwicklung — das
hat man als Beweis angeführt, wie arm das Leben an
Handlung sein müsse. Aber vielleicht ist es doch nicht so
schwer zu sehen, wie viel sich in einer kleinen Sache offenbaren kann.

Wenn eine edle That auf Eingebung des Augenblicks
geschieht, da versteht man leicht und sieht das Edle darin.
Wenn Reflexion vorangeht, wird das Verständnis schwieriger,
und um so mehr, je vielseitiger die Reflexion ist. Und doch
kann von Handeln im vollen Sinn nur die Rede sein, wenn
die Überlegung vorausgeht, welche die Möglichkeiten erwägt;
nur in der That, die aus bewußtem Entschluß kommt, offen-
bart sich die Persönlichkeit. — Hätte Kierkegaard den Angriff auf jenes Witzblatt M. Goldschmidts „den Corsar"
allein deshalb gemacht, weil er gerade einen an dem ver-
gifteten Pfeil sich krümmen sah, oder den unmittelbaren Eindruck bekam, wie auflösend die herunterreißende Ironie des
Blattes wirkte, dann sähe jeder wohl das Wackere in der

That. Oder wenn hier zuträfe, wovon Kierkegaards Bruder Taciturnus kurz vorher in den Stadien redete, daß gerade ein sehr kluger und thatkräftiger Mann wohl einmal gewissermaßen ohne Überlegung handelt, indem er plötzlich an einem einzelnen Punkte eine entscheidende Handlung einsetzt, weil alles so tötend ideelos geworden ist, um Bewegung in all das tote Fleisch zu bringen? Doch Kierkegaard handelte aus umfassender Reflexion, wie sie ja bei ihm allzeit wach ist und nach allen Seiten ausschaut.

Das Blatt war ein Übel für Dänemark bei den kleinen Verhältnissen. Es vertrat die auflösende Reflexion, die alles entwertet, und weckte die Freude am Herunterreißen des Hervorragenden und Angesehenen. Auch wenn sich der Witz und die Karikatur zunächst gegen das öffentliche Wirken eines Mannes richtete, traf er sofort das private Leben mit der Pein der Lächerlichkeit, weil jeder bald von allen gekannt war, und die niederen Klassen, für die noch entscheidend war, wenn so etwas über einen Mann schwarz auf weiß gedruckt wurde, zu dem Publikum des Blattes gehörten. Daß etwas gegen das Blatt gethan werden mußte, war die allgemeine Überzeugung der Besseren; gerichtliches Einschreiten war erfolglos, da Eckensteher, Anstreicher u. s. w. als verantwortliche Redakteure genannt waren, welche die Strafen absaßen. Aber keiner wagte etwas zu thun, denn Goldschmidt hatte entschiedenes Talent lächerlich zu machen, und so gut wie alle Welt war sein Publikum.

Als Kierkegaards Werke in Zwischenbemerkungen gefeiert wurden, dachte er die Gelegenheit zu benutzen, und es sich zu verbitten, in diesem Blatt gerühmt zu werden. Doch war dieser Anlaß wenig günstig, und der Angriff nicht schwer zu parieren, da nur die gedichteten Verfasser Kierkegaards, nicht er selbst, genannt waren. Da kam ein günstigerer und bestimmender Anlaß, da P. L. Möller in seiner „Gäa" die Stadien in taktlosester und verdrehender Weise besprach. Die „Leidensgeschichte" wurde ins Gegenteil verdreht, als handle es sich für den Helden darum, sich selbst los zu machen, aber „sie" für immer an sich zu binden, sie möge sich verheiraten, mit wem sie wolle. Ja, daß es für ihn nur ein Experiment gewesen sei, sie einzuspinnen und bei lebendigem Leibe zu secieren. Zwar wurde mit keiner Silbe angedeutet, daß es Kierkegaards eigne Geschichte sei, aber es war doch mindestens eine da, auf welche diese Verdrehung äußerst verwirrend und demütigend wirken konnte. So zwang ihn die Rücksicht auf seine frühere Verlobte zu einer einschneidenden Antwort. Diese Gelegenheit benutzte er sich zu verbitten im Corsar gerühmt zu werden, dessen Gewerbe es sei, ehrenwerte Leute herunterzureißen. Der Anlaß dazu war gegeben, da sich P. L. Möller im Verfasserlexikon als Mitarbeiter des Corsar bezeichnet hatte.

Eine eigne Rücksicht machte ihm erwünscht, gerade jetzt das gefürchtete Witzblatt herauszufordern. Das Erscheinen eines großen Werkes, der abschließenden Nachschrift, stand bevor, in der er seine bisherigen pseudonymen Schriften aufnahm, und den großen Gang darin, den keiner verstanden, aufzeigte. Er besorgte, das Buch möchte ihm zu viel Ansehn schaffen. Gewiß eine seltene Besorgnis; aber doch in Wahrheit nur eine seltene Besorgnis, nicht eine seltsame. An dem gemessen, was alle thun und alle recht und selbstverständlich

finden, ist Kierkegaard freilich in vielerlei Weise ein Sonderling, und wem das allgemein geübte ohne weiteres das
Wahre und Rechte ist, wird in ihm auch nichts anderes als
einen Sonderling sehen. Denn so gut wie alle nehmen für
ihr Arbeiten und Streben willig Ehre und Anerkennung
entgegen, und beklagen sich als über eine Unbilligkeit, wenn
sie ihnen nicht oder nicht genügend zu teil wird. Kierkegaards Sinn widerstrebte es, davon Ehre und Ansehn zu
haben, daß er der Wahrheit diente.

Er will und kann es nicht anders verstehen, als daß
jede Darstellung des Guten und Wahren dem Hörer oder
Leser zum Bewußtsein bringen soll, daß er selbst es mit dem
Guten und Wahren zu thun hat. Wird die Darstellung
oder der Darsteller Gegenstand der Bewunderung, so ist das
eine Zerstreuung, eine Ablenkung, und so weit sie veranlaßt
ist: ein Betrug des Hörers und ein Betrug gegen die Wahrheit. Für Kierkegaard spitzte sich das noch schärfer zu. Was
er gethan, achtete er für dichterische Darstellung der Wahrheit,
der er selbst nachjagte, die er aber noch nicht ergriffen hatte.
In der persönlichen Verwirklichung der Wahrheit fühlte er
sich unvollkommen und schuldig. Laß einen Ehre davon nehmen, daß er die Wahrheit übt und das Gute verwirklicht
— aber sich feiern zu lassen, daß man die Wahrheit weiß,
ehe man sie wirkt, das muß doch dem widerstreben, der
gegen sich selbst und die Wahrheit aufrichtig ist. Und nun
war sich ja Kierkegaard noch dazu gewiß: wenn er persönlich
in seinem Leben stärker als bis dahin ausdrückte, was er
dichterisch darstellte, so würde ihm das Gegenteil widerfahren.
Denn, was es von den Zeitgenossen einbringt, die Wahrheit

nicht bloß darzustellen, sondern zu sein, davon hatte er ja
von Kindheit auf einen unverlöschlichen Eindruck aus dem
Leben dessen gewonnen, der sich die Wahrheit selbst nennen
konnte, und der angespieen wurde. Sich wegen der Darstellung der Wahrheit feiern lassen, bedeutete ihm also Ehre
davon nehmen, daß man der Wahrheit unvollkommen dient,
und das erschien ihm wie eine Unanständigkeit. Wie ungewöhnlich auch dieser Gedankengang ist, man kann doch verstehen, daß ein hoher Sinn darin liegt, und auch verstehen,
daß er den Sinn jenes Wortes trifft: wehe euch, wenn jeder-
mann wohl von euch redet! Ein Ironiker, ein stoischer Weiser
könnte ganz ähnlich handeln, er könnte die Bewunderung
von sich abschütteln, um sich selbst zu behaupten und weil er
die Menschen samt ihrer Bewunderung verachtet. Bei Kierkegaard aber war es Treue gegen die Wahrheit und Liebe
zu den Menschen, daß er sie nicht betrüge, nämlich nicht betrüge um ein selbständiges Verhältnis zur Wahrheit, wenn
sie in Bewunderung hängen bleiben und ins Schwärmen
kommen.

Unnötige Sorge, schwermütige Bekümmerung war das
übrigens nicht. Ich erwähnte schon, daß Professor Hauch
jenem P. L. Möller, nachdem Kierkegaard ihm geantwortet
hatte, einen verbindlichen Trostbrief schrieb, und darin doch
das Geständnis nicht zurückhielt, daß er Kierkegaard für ein
außerordentliches Phänomen, für einen Heros halte. Als
ein weiteres Zeichen will ich anführen, daß kurz vorher, im
Sommer 1845, der König Christian VIII. wiederholt den
Wunsch äußerte, Kierkegaard zu begegnen. Auf die Mitteilung jenes Wunsches antwortete Kierkegaard damals, er

wiſſe wohl, daß es ſeine verdammte Pflicht ſei, ſolchem aller-
gnädigſten Wink zu folgen, aber er habe kein Tellerchen,
um den Pfannkuchen zu präſentieren. Sein Geiſt möge gut
genug ſein, aber er habe keinen Körper dazu. Das bat er
dem König zu ſagen. Noch bezeichnender iſt vielleicht das
Geſtändnis Goldſchmidts in ſeinen Lebenserinnerungen, daß
er und P. L. Möller von Kierkegaard begeiſtert waren und
für ihn ſchwärmten. — Kurz es war nicht mehr ſo, daß
Kierkegaard Bewunderung haben konnte, wenn er ein wenig
entgegenkommen wollte, ſondern ſeine außerordentliche Zurück-
haltung in ironiſcher Maskierung reichte nicht mehr aus, das
Geſeiertwerden abzuwehren.

So entſprach nach dieſer Richtung der Schritt gegen
den Corſar ganz der Lage. Nicht daß er ihn deswegen
leichten Herzens gethan hätte. So iſt auch Kierkegaards
Größe nicht, daß ihm das Niedere, das Allgemein-menſchliche
fremd geweſen wäre; auch bei ihm iſt die Größe die, daß er
das Niedere überwindet. Die Liebe zu den Menſchen begehrt ja doch auch Gegenliebe und den direkten Ausdruck,
das offene Einverſtändnis in gegenſeitigem Werthalten. Gerade
bei ſeiner Sympathie mit den Menſchen, bei ſeinem an-
geſtrengten Arbeiten ihnen zu helfen, empfand er jenen Ver-
zicht als ein ſchweres Opfer, als eine ſchmerzliche Selbſt-
verleugnung.

Und Goldſchmidt? — denn auch auf ihn achtete ſeine
Reflexion. Er hatte Intereſſe für Goldſchmidt und hielt ihn
unter der jüngeren Generation für beſonders tüchtig im
äſthetiſchen Gebiet etwas Wertvolles zu leiſten. Und da
Goldſchmidt ſeine Hilfe ſuchte, um Schriftſteller zu werden,

versuchte er gern ihn in richtiges Fahrwasser zu bringen,
ihm „Idee" zu geben, die ihm fehlte, besonders aber ihn
vom Corsar abzubringen. Das Blatt war zunächst eine
Pflanze der Opposition; es schlug auf Christian VIII. und
die Regierung los. Kierkegaard sagte ihm, daß abgesehen
von der Unsittlichkeit in dieser Zeit das Angreifen der Regierung auch dumm wäre, weil ideelos. Sollte in solchem
Unternehmen Idee sein, so müßte es mit Dialektik und per-
sönlichem Mut die Ironie gleichmäßig nach allen Seiten
lehren. Goldschmidt benutzte den Wink, sank aber bald wieder so weit herunter, daß er das Privatleben angriff und
ziellos ironisierte. Da hoffte Kierkegaard ihn von dem Blatt
abzubringen, obgleich er viel Geld damit verdiente, wenn er
es nachdrücklich zu einem verächtlichen Blatt stempelte. Zugleich machte er damit die Probe darauf, wie viel in Goldschmidt war; ob er sagte: nein, Kierkegaard greife ich nicht
an, oder doch sich nur gegen den Angriff des Frater Taciturnus wendete, nicht gegen das, was er bewundert hatte.
In diesem Falle wollte ihn Kierkegaard bei einem anständigen
ästhetischen Journal anbringen, und sich mehr mit ihm einlassen. Er bestand die Probe nicht; er konnte schmähen,
was er eben bewundert hatte, und im stillen noch bewunderte. Die Probe wurde allerdings streng durchgeführt.
Goldschmidt machte einen Versuch Halt zu haben, d. h. sich
von Kierkegaard halten und führen zu lassen. Als der Artikel gegen P. L. Möller mit der Herausforderung an den
Corsar in Fäderlandet erschienen war, kam Goldschmidt zu
Kierkegaard mit den Worten: haben Sie den Artikel gelesen,
er ist für Möller völlig vernichtend. Weiter sagte er dann,

er begriffe nicht, daß Kierkegaard so viel für Fäberlandet thue, Ploug (der Chefredakteur) sei doch nicht groß besser als er. Kierkegaard verstand gut, daß Goldschmidt sich wollte sagen lassen, was er thun solle. So bot sich ihm die von jedem klugen Manne gesuchte Gelegenheit, mutig und verdienstvoll zu handeln, zugleich aber die Folgen für seine Person durch Liebenswürdigkeit und private Verständigung mit den Gegnern abzuwehren. Jeder solche kluge Mann mag es unbegreiflich finden, daß Kierkegaard diese Gelegenheit unbenutzt ließ. Nun, er war eben zu stolz dazu, oder — zu wahrhaft, um Komödie zu spielen. Er begegnete Goldschmidt kühl und zurückhaltend; dieser sollte eben selbst sein Verhalten wählen und sich darin offenbaren.

So kam Kierkegaard in den Corsar. Goldschmidt und Möller thaten ihr möglichstes durch Wort und Karikatur ihn lächerlich zu machen. Dem gegenüber hatte er die Geistesstärke des Sokrates, da ihn Aristophanes auf die Bühne brachte, und er hatte eine Kraft mehr als Sokrates in seinem innerlichen Gottesverhältnis, daß er sich nicht bloß über Spott und Kränkung erheben, sondern sie auch innerlich in Selbstverständnis umsetzen konnte. Doch die Wirkung war größer, als er vorausgesetzt hatte. Es fiel nicht bloß eine beständige komische Beleuchtung auf ihn, in der er willig seine Überlegenheit gleichsam büßen und die Bewunderung abkühlen wollte — sondern sein Verhältnis gerade zu den geringeren Klassen wurde auf Jahre hinaus gestört. Es war seine Erholung sich unter den Menschen zu bewegen, die Leute zu sehen und zu hören, wie er das in den Stadien S. 495 schildert. Aber es war auch mehr. Er hatte eine

Genialität mit den Menschen sprechen zu können, und den durchdringenden Blick ihre Stimmung, ihren augenblicklichen Gemütszustand zu verstehen, um mit einem Wort ihnen in der einen oder andern Weise zu Hilfe zu kommen. Es war seine Freude, so im Vorübergehen, im Begegnen einige Worte zu wechseln, bald mit dem, bald mit jenem eine Strecke zu gehen und damit die für seine Gesundheit notwendigen Spaziergänge auszufüllen. Nun war das vorbei. Die hämischen Bosheiten des Corsar brachten gerade den gemeinen Mann, mit dem Kierkegaard besondere Sympathie hatte, teils zu der Meinung, daß er sinnesschwach sei, ein verrückter Philosoph, teils zu der Überzeugung, daß er verächtlich sei und herzlos die Menschen bloß zum Gegenstand seiner Beobachtungen mache. Daß er all die Verhöhnung, die jeder las, für nichts achtete, daß er sich weiter bewegte, als wäre nichts geschehen, verstand natürlich die Menge, in der keiner das hätte aushalten können, nicht als Größe, sondern als Frechheit oder Unverschämtheit; er schämte sich ja nicht, daß er lächerlich gemacht wurde. Da begegnete ihm nun Tag um Tag auf der Straße höhnisches Grinsen. Es waren Mückenstiche — aber auch Mückenstiche peinigen, wenn es Hunderte und Tausende sind, wenn es Jahr um Jahr so fortgeht, wenn die Verständigung mit den Menschen durch solches Mißverständnis unmöglich gemacht ist, wenn es unmöglich ist zu helfen, wie man möchte und könnte — weil man für verrückt oder für schlecht gilt.

Das ging so weiter. Noch vier Jahre später schreibt er in seinem Tagebuch: „Es ist doch etwas unbeschreiblich Wehmütiges in meinem Leben. Ich wünschte mit dem gemeinen

4 *

Mann zu leben, es befriedigte mich so unbeschreiblich freund-
lich und mild und aufmerksam und teilnehmend gegen die
Klasse zu sein, welche in dem sogenannten „christlichen Staat"
nur allzu verlassen ist. Vielfach war es nur unbedeutend,
was ich thun konnte, aber doch kann es gerade für diese
Art Leute Bedeutung haben. Laß mich ein Beispiel nehmen,
wie ich sie dutzendweise habe. Da sitzt im Bogengange ein
ältliches Amagermädchen und verkauft Früchte. Sie hat eine
alte Mutter, für die ich zuweilen eine Kleinigkeit gethan
habe. Wenn ich die nun nehme, wesentlich habe ich nichts
gethan, aber es vergnügte sie doch, es ermunterte sie, daß
jeden Morgen ein Mensch kam, den sie für glücklich halten
mußte, und daß er niemals vergaß, ihr guten Tag zu sagen,
zuweilen auch ein paar Worte mit ihr sprach. O lu Wahrheit, gerade diese Art Flaneure, wie ich war, braucht der
christliche Staat, wenn doch ein klein wenig das himmel-
schreiende Unrecht gut gemacht werden soll, das in diesem
Dasein ist. Denn alle greifen nach höheren Beziehungen
und Stellungen in der Gesellschaft, und haben sie erst diese
— wer kümmert sich dann um den gemeinen Mann im
Volk. Ein solcher Flaneur ist eine Copula. Wie ermun-
ternd für die Klasse, welche sonst im Vorzimmer stehen und
warten müssen und kaum ein Wort anbringen können, daß
ein Mensch da ist mit hundert Augen gerade für ihre Leiden, und der sich doch die Welt der Vornehmen gesichert hat.

O, ob das auch zum Teil Schwermut in mir war, es
ist doch auch Christentum.

Das ist nun wesentlich verstört. Für diese Leute lebe
ich nun als eine Art Halbverrückter — nun kann ich ihnen

nichts nützen, nun muß ich auch den Blick zurückhalten wie
mich selbst, damit ich nicht förmlich wie ein Verrückter Auf-
lauf um mich sammle.

Und das geht gerade von der Zeitungslitteratur aus,
die vorgiebt, den gemeinen Mann gegen die Vornehmen zu
schützen."

Litt er so durch die Entfremdung des gemeinen Mannes, so schmerzte ihn auch das Verhalten der Einsichtigeren
und der Bekannten. Ehe er den Schritt that, kannte er bei
seiner außerordentlich ausgebreiteten Bekanntschaft nicht einen
einzigen achtungswerten, rechtschaffenen Mann, der nicht das
Treiben des Corsar für eine Schande hielt und der Meinung war, es müsse etwas geschehen. Aber als es Kierkegaard gethan hatte, da ließen ihn alle im Stich; da es arg
wurde, meinten sie: er mußte sich dem nicht aussetzen, oder
auch: er hat es ja selbst gewollt! Nur zwei oder drei allgemein geachtete Männer brauchten öffentlich ihre Zustimmung
zu Kierkegaards Vorgehen auszusprechen, so war die Sache
gethan. Professor Heiberg, der bis dahin als das Haupt
der ästhetischen Litteratur galt, dankte Kierkegaard in den
stärksten Ausdrücken, aber privatim, ebenso unter andern die
Redakteure des Fäderland und des Folleblad; sie empfan-
den es wie einen persönlichen Dienst, aber keiner gab dem
öffentlich Ausdruck, wodurch doch der Menge ein anderer
Gesichtspunkt gegeben wäre. Er wurde von allen im Stich
gelassen. Die Entschuldigung hat man freilich, daß Kierkegaard auf leise Anfragen, ob er etwas gethan haben wollte,
antwortete: laßt es nur. Denn fühlte man nicht mehr und
nicht deutlicher für seine Sache, dann war er nicht der

Mann darum zu bitten. Er, der Koterien für ein Übel
hielt und ihnen von Anfang an entgegengetreten war, er
blieb sich treu, auch als ihm etwas Koterie viel helfen
konnte. Aber daß man ihn so im Stich ließ und damit
seine That entkräftete, war noch das geringste; man machte
selbst mit, und dieses Mitmachen der höheren Kreise bestärkte
natürlich erst recht die Menge. Sein Vorname Sören war
zum Spitznamen geworden, der täglich auf der Straße hinter
ihm hergerufen wurde; wie gewöhnlich bei Leuten, mit denen
die Menge auf den Straßen ihren Spott treibt. Seitdem
erschien dieser Name auch fast regelmäßig in den Lustspielen;
zuerst bei Hostrup, dann bei Carit Etlar, nachher brachte
ihn auch Helberg an, in dessen Stück auf der Bühne ein
Hurra für Sören ausgebracht wurde zum Jubel für die
Galerie. Es war ein Mitmachen, das völlig in Abrede gestellt werden konnte, wie immer bei solchen Gelegenheiten --
und doch sehr merklich und wirksam ist. Dagegen unterließ
man öffentlich jede Äußerung der Anerkennung, nicht bloß
in Bezug auf den Schritt gegen den Corsar, sondern auch
über seine damals erscheinenden Werke. So gut wie niemand besprach sie, niemand machte auf ihre Bedeutung aufmerksam, während sie von den Schriftstellern in der stärksten
Weise geplündert wurden. Es war offenbar die Mißgunst
auf die Überlegenheit des „großen Pseudonymen", wie man
ihn nannte, die sich darin aussprach, jene übliche menschliche
Mißgunst, welche die Edelsten stets am meisten erfuhren.

So offenbarte sich reichlich die menschliche Erbärmlichkeit, doch erlag ihr Kierkegaard nicht. Die Erbärmlichkeit
gewann keine Macht über ihn, auch nicht einmal so weit,

daß sie ihn bewogen hätte gelegentlich heimzuzahlen, wie gut er es auch konnte. Als sich ihm z. B. der Gedanke sehr aufdrängte, daß er doch mit der Feder seinen Unterhalt erwerben müsse, bot ihm ein Blatt 100 Rigsbaler, ein für damalige Verhältnisse ungewöhnlich hohes Honorar, für einen Artikel gegen Heiberg, mit dem er viel abzurechnen hatte; aber all solches ließ er beiseite.

Wie übel er auch behandelt wurde, das macht ihn nicht zu einem Gegenstand des Mitleids; denn er erlag der Erbärmlichkeit nicht, und bedurfte auch nicht der Hilfe der andern, um zu siegen. Goldschmidt erzählt in seinen Erinnerungen, daß ihm Kierkegaard einige Zeit, nachdem er eine stehende Figur im Corsar geworden war, auf der Straße begegnete, und ihm einen Blick zuwarf, der ihn schlug; weshalb er von da an bedachte, den Corsar aufzugeben. Nach Kierkegaards Aufzeichnung war die Begegnung nicht so kurz. Er erzählt: „als dann die ganze Fülle von Schmähungen auf mich gewälzt war, begegnete ich Goldschmidt eines Tages auf der Straße. Er ging an mir vorbei; ich rief ihn und sagte: Goldschmidt! Er kam denn heran. Da sagte ich zu ihm, er solle mich begleiten. Ich sagte ihm nun, daß er doch vielleicht alles mißverstanden habe, was ich ihm bisher vorgehalten, wenn ich ihn ermahnte, seine Corsarthätigkeit aufzugeben; er habe vielleicht gemeint, ich unterhielte eine Art Verhältnis mit ihm, um nicht seinen Angriffen ausgesetzt zu sein. Nun könne er doch sehen, daß das Gegenteil der Fall sei. Ich wolle deshalb nun recht ernstlich wiederholen, was ich ihm gesagt habe. Das that ich. Ich legte ihm recht ernstlich aufs Herz, daß er von dem Corsar fortmüsse. Und es war ebenso zum Lachen wie zum Weinen, da er mit Thränen in den Augen (wie er denn, was leicht bei dieser Art Leuten der Fall ist, leicht Thränen in die Augen bekam) sagte: „daß Sie so über mein ganzes Verhalten urteilen können und nicht ein Wort davon sagen, daß ich doch etwas Talent habe." — Goldschmidt trat am 1. Oktober 1846 vom Corsar zurück und reiste ins Ausland; auch P. L. Möller reiste fort.

Damit waren allerdings die Folgen ihres Thuns nicht aufgehoben, denn Goldschmidt gewann es nicht über sich, auch öffentlich sein Unrecht einzugestehen, und damit das Fortwirken seines Werkes zu hemmen. Kierkegaard wäre gern ebenfalls gereist zu seiner Erholung, aber er sah es für richtiger an da zu bleiben. Er siegte auch über das Lachen und Grinsen der Menge, er siegte damit, daß er unverändert blieb, ob er schon seine frühere Verkehrsweise nicht wieder aufnehmen konnte. Er war kein stoischer Weiser, darum schmerzte ihn die Behandlung, die er litt, aber er wurde auch kein stoischer Weiser, und das ist seine Ehre; er machte sich nicht unempfindlich in Menschenverachtung, wie groß auch die Versuchung dazu war. Er sagt wohl einmal: „schwermütig liebte ich die Menschen, nun bin ich entwöhnt;" aber er ließ nicht von der Liebe; und doch wäre ihm sein Werk sehr viel leichter geworden, wenn er sich von dieser Liebe zu den Menschen entwöhnt hätte. Wohl war sein ursprünglicher Eindruck von der Jämmerlichkeit der Menschen auf das eindringlichste und umfassendste bestätigt, aber er ließ ihr nicht die Herrschaft gewinnen, und hatte doch die Waffen sich zu rächen und die Kraft die Schuld büßen zu

laffen, indem er eine Kataſtrophe herbeiführte. Es iſt wohl
das am meiſten Bewundernswerte bei Kierkegaard, daß er
bei dieſen Erfahrungen in einem Grade die Liebe zu den
Menſchen bewahrte, daß ſie ihn bei jedem Schritt auf ſeinem
Wege hemmte oder führte.

So weit zu überwinden, daß alle Ungerechtigkeit und
Mißhandlung ihn nicht veränderte, vermochte er natürlich
nur durch das Halten an Gott. In den Stadien hatte er
vorher das Wort ausgeſprochen: Der Religiöſe iſt der
Weiſe! Das will ſagen: das antike Ideal der menſchlichen
Überlegenheit über das Daſein, welches im „Weiſen" aus-
geprägt wurde, iſt überboten; „der Religiöſe" im chriſtlichen
Sinn iſt ſtärker und größer. Dies Wort löſt ſein eigenes
Leben ein.

Von Rouſſeau, deſſen Spaziergänge im 4. Band der
Bekenntniſſe Kierkegaard vortrefflich nennt, den 5. Spazier-
gang äſthetiſch unvergleichlich, ſagt er ſehr bezeichnend:

„Hier hat man ein Beiſpiel, was es bedeutet, nicht im
Chriſtentum erzogen ſein.

Sein Leben enthält Analogien zu den eigentlich chriſtlichen Kolliſionen (das Gute thun und dafür leiden, das
Gute thun und damit ſich ſelbſt und andere unglücklich machen). Das kann er nicht tragen; er klagt darüber, daß es
ihn ſo unbeſchreiblich lähmt. Wie ſehr würde es ihn nicht
geſtärkt haben, wenn ihm recht deutlich bewußt geweſen wäre:
dies iſt die eigentlich chriſtliche Kolliſion.

Aber da er von allem Chriſtentum nichts weiß, wird er
auf der einen Seite gelähmt, und auf der andern Seite

verfällt er in die Einbildung, er sei der einzige Mensch, der
so gelitten habe.

Ihm mangelt das Ideal, das christliche Ideal, das ihm
demütigend lehren konnte, wie wenig er doch im Vergleich
mit dem Heiligen litt, ihm fehlte das Ideal, das ihn im
Streben erhalten und verhindern konnte in dichterischem
Träumen und Unwirksamkeit hinzusinken. Er ist ein Beispiel dafür, wie schwer dem Menschen das Absterben fällt."

So führte Kierkegaard auf seine frühe Einweihung ins
Christentum zurück, daß er sich anders zu halten wußte.
Und das that er. Er trug die Sache religiös und wendete
sich mit ihr zu Gott. Hatte er erst gemeint durch das Halten zu Gott sich gegen die Menschen behaupten zu sollen, so
lehrten ihn vielmehr die Menschen durch ihre Behandlung
sich an Gott zu halten. Er betet darum, daß er die Liebe
zu den Menschen bewahre, und da er so zu Gott davon
redet, wird sein Sinn auch erhoben und frei.

Für ihn selbst bekam die Sache große Bedeutung. Er
hatte keineswegs Christus oder die Apostel nachahmen wollen,
aber er kam in eine streng christliche Situation, und da er
sie religiös auffaßte, kam er gerade hierdurch in innerliches
Einverständnis mit dem Christentum und mit sich selbst.

Besonders von seiner unglücklichen Liebe her lag ihm,
wie gesagt, im Sinn, daß sein Weg nie da geht, wo Rosen
gestreut sind, daß er dazu bestimmt ist, geopfert zu werden.
Wie bei jeder Sendung Früchte einzelne, die oben aufliegen,
für die andern und von den andern den Druck aushalten
müssen, so war sein Gedanke, müssen in jeder Generation

einzelne für die andern preisgegeben werden, und davon war er einer. Diese Ahnung verfolgte ihn von früh an, und war nun immer bestimmter ausgearbeitet worden.

Sein schließliches Verständnis dieser Weise Gottes will ich hier voranstellen, wie es im Jahre 1852 von ihm ausgedrückt wird.

„Wie die kunstverständige Köchin bei einem Gericht, in dem schon eine Menge Zuthaten gemischt sind, sagt: „ein ganz kleines bißchen Zimt muß noch daran," und wir andern können kaum schmecken, daß dies kleine bißchen Zimt hineinkam, aber sie weiß ganz bestimmt warum und wie es in der Mischung des Ganzen schmeckt — wie der Künstler bei dem Kolorit eines ganzen Gemäldes, das von den vielen, vielen Farben gebildet ist, sagt: „da und da, an diesem Punkt muß ein klein wenig Rot angebracht werden!" und wir andern können vielleicht kaum entdecken, daß das Rote da ist, in dem Grade hat es der Künstler vertönt, während er ganz genau weiß, warum es angebracht werden sollte: — so bei der Weltregierung.

O die Weltregierung ist ja eine ungeheure Haushaltung, eine grandiose Malerei. Doch ist es bei ihm, dem Meister, bei Gott im Himmel, wie bei der Köchin und dem Künstler. Er sagt: nun muß ein bißchen Zimt hinein, ein bißchen Rot angebracht werden. Wir begreifen nicht warum, wir sehen es kaum, in dem Grade verschwindet das kleine bißchen in dem Ganzen, aber Gott weiß, wozu.

Ein klein bißchen Zimt! Das will sagen: hier muß ein Mensch geopfert werden; das gehört dazu, um dem Übrigen einen bestimmten Geschmack zu geben.

Das sind die Korrektive. Eine unselige Verirrung ist
es, wenn der, welcher gebraucht werden soll, um das Korrektiv anzubringen, ungeduldig wird und das Korrektiv zum
Normativ für die andern machen will; das ist ein Versuch,
der alles verwirrt.

Ein klein bißchen Zimt! Menschlich gesprochen, welcher
Schmerz, so geopfert sein, daß man wie ein klein bißchen
Zimt ist! Aber auf der andern Seite, Gott weiß wohl,
wen er wählt auf diese Weise zu benutzen, und dann weiß
er doch auch in innerlichstem Verständnis das Geopfertwerden
für ihn so selig zu machen, daß unter den tausend ver-
schiedenartigen Stimmen, die jede auf ihre Weise dasselbe
ausdrücken, auch die seine gehört wird und vielleicht gerade
die seine in Wahrheit de profundis: Gott ist die Liebe!
Der Vogel auf dem Zweige, die Lilie auf dem Felde, der
Hirsch im Walde, der Fisch im Meer, zahllose Scharen fro-
her Menschen jubeln: Gott ist die Liebe. Aber darunter,
gleichsam tragend wie die Baßpartie im Musikwerk thut,
unter all diesen Sopranen klingt das de profundis von
den Geopferten: Gott ist die Liebe!"

Ja, so ist Verständnis und Frieden darin — aber
welche Qual, wenn einer solche Bestimmung vorher sieht,
ohne sich so darin zu verstehen. Die meisten „Geopferten"
gehen mit unmittelbarer Begeisterung an ihre Aufgabe mit
der Zuversicht zu siegen. Deswegen können sie auch hin-
reißen, wie unmittelbare Begeisterung immer hinreißend ist.
Wenn es sich dann anders zeigt, und sich zeigt, daß er geopfert wird, so hält er vielleicht aus, er ist gebunden, er
kann nicht anders. Wer die Folgen für sich und die Schuld

für die andern, die damit verknüpft ist, im voraus sieht, der
hat einen unvergleichlich schwereren Gang. Er thut die ersten
Schritte nicht. getragen von der Hoffnung auf den Sieg der
Wahrheit, sondern unter dem Druck der ängstigendsten Verantwortlichkeit; er weiß ja die Folgen! — Da giebt es ja,
wenn man sich umsieht, genug dankenswerte Aufgaben: Pietät
und Rechtschaffenheit, Lebensmut und Gemeinsinn, Gott-
vertrauen und Berufstreue bedürfen der Ermunterung und
Stützung; da ist Dank zu verdienen. Warum dem Guten
und Wahren den hohen Ausdruck geben, der die Menschen
reizt! Und das unternehmen und während man sich selbst
keineswegs so gut fühlt, doch darum leiden, daß man das
Gute in seiner ganzen Hoheit entgegenhält. Und weil man
sich selbst keineswegs gut fühlt, muß man ja bei dem Wider-
stand, bei der Erbitterung der Menschen beständig denken:
wärest du sanftmütiger, liebevoller, besser, dann spräche es
wohl die Menschen besser an. Denn bei der eignen Unvollkommenheit will es sich so schwer festhalten lassen, daß es
gerade, je besser, je liebevoller in christlichem Sinn einer
wird, um so übler ihm ergeht. Doch war Kierkegaard der
Lebensgang Jesu so tief in die Seele gebrannt, daß er
wieder als vor einer Blasphemie von dem Gedanken zurück-
schreckte, daß es dem Guten auf Erden gut gehe, daß der
Liebevolle bei den Menschen gut gelitten sei. Und Jesu Vor-
gang ruft ja seine Jünger zur Nachfolge.

Für eine so gewaltige und so schwermütige Reflexion
wie die Kierkegaards ist das ein so strenger Weg, daß man
gut sein Wort versteht: war ich nicht reuig, so mußte ich
mich am Christentum ärgern. So gab er wohl dem Christen-

tum recht, aber er zweifelte, ob er je in vollem Ernst darauf eingehen könne. Noch die abschließende Nachschrift war in diesem Bewußtsein geschrieben. Der Druck seiner allzu klaren Erkenntnis lag so schwer auf ihm, daß er nicht vorwärts gehen konnte. Wohl war es sein Entschluß, der Sache des Christentums zu dienen, es für die andern darzustellen und festzustellen, ohne selbst in entscheidender Weise darin zu leben. Sein Gedanke war, nach der Herausgabe dieses Werkes ein Pfarramt zu übernehmen und mit Wort und Schrift erbaulich zu wirken; andern zu helfen das Christentum sich anzueignen, wie er es selbst that.

Die abschließende Nachschrift sollte wirklich abschließen. Von Entweder-Oder an waren seine Schriften in der Hauptsache darauf berechnet, zu der Geistesreise zu entwickeln, in der man auf das Christentum eingehen kann; aus der Unmittelbarkeit heraus, durch die Reflexion hindurch so weit zu sich selbst und zu dem Selbstbewußtsein zu führen, welchem das Christentum ein Bedürfnis ist. In der abschließenden Nachschrift stellte er dementsprechend das Christentum für die Christenheit fest. Sie ist, um das bei dieser Gelegenheit zu sagen, die Durchführung, daß das Christentum eine persönliche Existenzsphäre ist, nicht ein Lehrsystem. Sie bleibt aber keineswegs im Subjektiven, bei dem persönlichen Bedürfnis und der persönlichen Überzeugung, wie man gemeint hat, sondern bringt in bisher nie durchgeführter Weise dahin vor, daß in dem „Wie" zugleich das „Was" ganz bestimmt ist, z. B. in der Bestimmung, wie man glauben soll, eingeschlossen ist, was man glauben muß. Denn die persönliche Wahrheit oder die wahre Persönlichkeit kommt nicht anders zur Wirklichkeit, als durch das historisch gegebene Evangellum. Nicht durch Denknotwendigkeit im systematischen Zusammenhange werden die wunderbaren Thatsachen und Paradoxien des Christentums festgemacht, wie es sonst immer die Theologie versucht hat, so weit sie das Gegebene festhalten will — sondern durch ihre Notwendigkeit für die menschliche Persönlichkeit, daß dies der eine Weg ist, die Wahrheit durchzuführen, die Wahrheit des Selbstbewußtseins und der Selbstbestimmung eines überweltlichen Lebens. Er konnte ruhig sagen, daß dies Werk eine große Zukunft hat. Es ist das Werk eines christlichen Denkers von allererstem Range, zu dem man mit der Zeit schon kommen wird. — Erschien bisher die Reflexion als der natürliche Feind des Christentums, da sie die göttliche Autorität der Bibel und alles, was dazu gehört, in Frage stellt, so tritt durch Kierkegaard die umfassendste und unerschrockenste Reflexion in den Dienst des Christentums, bindet die Knoten wieder, welche die oberflächliche Reflexion lockerte, setzt die Sprungfedern wieder in Bewegung, mit denen das Christliche durch die Reflexion hindurch in die Persönlichkeit greift. Das Christentum bleibt natürlich ganz unverändert dasselbe, nicht ein Jota wird geändert, aber der Kampf wird ein anderer. Nicht länger hat sich der unmittelbare einfältige Glaube gegen die Reflexion zu wehren, sondern die mit aller Reflexion gewaffnete Einfalt nimmt es mit der Reflexion auf. Die Schlacht hatte er gewonnen. Es war ihm gelungen, das Verhältnis des Christentums zur Persönlichkeit so festzustellen, so zu vernageln, daß kein Dialektiker es soll lösen können.*)

*) Meine Inhaltsangabe der abschließenden Nachricht in S. Kierkegaard, eine Verfasserexistenz u. s. w., deren Aufnahme durch D. Rudin

Hatte er so den Gebildeten und Begabten seinen Dienst
geleistet, so dachte er nun im Pfarramt auf dem Lande das
Einfältige für den gemeinen Mann darzustellen, der ja immer sein Gesichtspunkt war. Nun ging das nicht. Unter
den Verhöhnungen wollte er Kopenhagen nicht verlassen, und
bei der großen Verbreitung des Blattes war er durch diese
Karrikaturen so gezeichnet, daß der Eintritt in ein Pfarramt
jetzt nicht möglich war.

Dafür kam er jenen äußersten Spitzen des Christentums,
die ihm beständig auf dem Sinn gelegen hatten, nun anders
nahe. Er kam aus der Möglichkeit in die Wirklichkeit. Einfach sittlich hatte er gehandelt, wie Pflicht und Gewissen ihn
trieb, ein gutes Werk im Interesse der Gesellschaft hatte er
gethan, und dadurch kam er schon in jene christliche Kollision. In solcher persönlicher Erfahrung versteht sie sich aber
anders als in der schwermütigen Vorstellung; die Wirklichkeit war lindernd im Vergleich mit der Möglichkeit. Er
sagt: „jedes Opfer muß gesalzen werden,“ und das ist nun
geschehen. Dabei erfährt er, daß die Wirklichkeit Kräfte
giebt. Wie man Christ wird, tritt ihm nun aus den Denk-
bestimmungen in lebendige und belebende Thatsächlichkeit; das
Leben Jesu kommt ihm nicht bloß mit seiner Forderung,
sondern auch mit seiner Kraft nahe.

Aus jener Zeit geht noch die Rede, Kierkegaard habe

und danach in der dänischen Litteraturgeschichte von Winkel-Horn mir
eine wertvolle Bestätigung ist, ist nicht vollständig. Wegen der Schwierigkeit des Buches habe ich den Gedankengang dann lieber in freierer Weise
wiedergegeben in den Schriften: „Was Christentum ist“ und „Die
Berufung zur Wahrheit.“ Gütersloh. Bertelsmann.

außerhalb des Lebens gestanden, eingesponnen in Reflexionen. Darauf antwortet er einmal in seinem Tagebuch von 1850:

„Das ist doch auch eine thörichte Einwendung gegen mich und mein Leben, daß ich außerhalb des Lebens stehe, und daß dies nicht Religiosität sei, die wahre Religiosität greife wirksam in das Leben ein.

O ihr Thoren oder ihr Heuchler; wie stehe ich außerhalb des Lebens? So buchstäblich, daß nicht ein einziger hier zu Hause so markirt vornan auf der Scene steht. Nein, mit in der Heerde laufen, in der „Menge" sein, wodurch man Unbemerktheit und doch Einfluß und Macht gewinnt, das ist gerade außerhalb des Lebens leben.

Wie stehe ich draußen? So, daß ich Werke hingestellt habe, deren gleichen man nicht leicht zeigen wird! So, daß, als „der Pöbel" raste und triumphierte, da war ich der einzige, der zu handeln wagte. So stehe ich außerhalb des Lebens, daß ich von jedem Kinde gekannt bin, eine stehende Figur in euren Schauspielen, mein Name ein Sprichwort, mein Leben ein tägliches Opfer um doch womöglich religiös das Ende fest zu machen, und wieder Religiosität anzubringen.

Aber warum da diese Rede, daß ich außerhalb des Lebens stehe? Ja, ich will es euch sagen: sie kommt davon, daß ich mit all meinem Arbeiten keinen irdischen Lohn gewinne, daß ich auf den Versammlungen, wo ich nicht hinkomme, keinen Beifall ernte, aber auf den Straßen, wo ich wirke, verhöhnt werde; sie kommt davon, daß ich mein Leben nicht auf einen Ministerposten anlege, sie kommt davon, daß man an mir merkt, ich bin ein Narr, ein Narr — der Gott fürchtet!"

Nun war er erst recht dem Christentum nahe gekommen und der Erkenntnis, was der Zeit fehlt; und nun erst sieht er recht, daß es gilt, das Christentum in der Christenheit wieder einzuführen. Von der Gleichzeitigkeit mit Christus, von der Möglichkeit des Ärgernisses, von dem Glauben als der höchsten Bethätigung und Ausgestaltung der menschlichen Persönlichkeit bekommt er nun viel zu sagen, ob er den Menschen helfen kann zu sich selbst zu kommen und von da aus einen Blick zu gewinnen für die Majestät, Kraft und Gewalt des Christentums. So begann die neue Reihe von Werken, die mit den erbaulichen Reden begann.

Manche sprechen es jetzt Johannes Fall nach: das Rechte sei, nicht zu Druckpapier werden, sondern als Charpie in die Wunden des Volks gedrückt werden, und unbesehen verstehen sie das von den Übeln und Nöten des Lebens. Unbesehen! ja sonst dächten sie wohl daran, daß die Propheten und Apostel ihre Ehre und ihre Bedeutung haben, obwohl ihr Lebenswerk in einige Druckbogen zusammengefaßt ist. Dazu zeigen die Evangelien ganz frei: wollte Christus zu seinem wesentlichen Werk machen die Kranken zu heilen, die Hungrigen zu speisen, dann fielen ihm so gut wie alle zu, dann war er ihr Mann, den sie als ihren Messias und König anerkennen wollten. Aber daß er nicht die Heilung der Übel zu seinem Beruf machen, sondern mit den Menschen viel höher hinaus wollte, daß er ihnen nicht zeitlich, sondern ewig helfen wollte, das machte seinen Weg zu dem

Leidensweg, das führte dazu, daß er sich opferte und von
den Menschen geopfert wurde.

Auf dies Christliche, auf die Ewigkeitsbestimmung des
Menschen und ihre Durchführung in der Zeit aufmerksam zu
machen, ward Kierkegaards Aufgabe, und er that es in dem
Bewußtsein, daß er dabei sein Leben einsetzte, und in dem
Bewußtsein, was das bedeutet. O ja, er sah es ganz gut;
wenn er auf das sogenannte „praktische Leben" einging, so
bekam die Sache ein anderes Aussehn. Mynster sagte es
ihm auch in aufrichtiger Meinung: „ja, Sie sollen sehen,
wenn Sie erst in das praktische Leben hineinkommen, so
verschwindet das" — nämlich die Ideale, die christlichen
Ideale. Aber die sollten eben wieder ausgeprägt werden,
um den einen wesentlichen Schaden zu heilen, die Verlorenheit in die Zeitlichkeit. Vielleicht kann der folgende Abschnitt
deutlich machen, daß dies noch ein sehr anderes Aufopfern
ist, als das Aufreiben an den socialen Nöten, weil es ganz
andere Anfechtungen einschließt.

## 3.

### Der Eifer um dein Haus hat mich verzehrt.

„Denke, es wäre so, daß die Gänse reden könnten — dann richteten sie es so ein, daß sie auch ihren Gottesdienst hätten.

Jeden Sonntag kämen sie zusammen und ein Gänserich predigte.

Der wesentliche Inhalt der Predigten war: welche hohe Bestimmung die Gänse hätten, zu welch hohem Ziel der Schöpfer — und jedesmal, wenn dies Wort genannt wurde, nickten die Gänse und die Gänseriche nickten mit dem Kopfe — sie bestimmt hätte; mit ihren Flügeln könnten sie fort zu fernen, seligen Gegenden fliegen, wo sie eigentlich ihre Heimat hätten, denn hier wären sie nur wie Fremdlinge.

So jeden Sonntag. Und darauf trennte sich die Versammlung, jede watschelte heim zu dem Ihren. Und dann wieder am nächsten Sonntag zum Gottesdienst und dann wieder heim. Dabei blieb es, sie nährten sich und gediehen, sie wurden fett und delikat — und darauf am Martinsabend gegessen — dabei blieb es.

Dabei blieb es. Denn während die Rede am Sonntag so hoch klang, wußten sich die Gänse am Montag von einer Gans zu erzählen, welche wollte ernst machen mit den Flügeln, die ihr der Schöpfer gegeben, und dem hohen Ziel,

das ihr bestimmt war — wie es ihr erging, was sie er-
dulden mußte. Das wußten die Gänse gut untereinander.
Aber natürlich, davon am Sonntag zu reden, das war ja
unpassend, denn, sagten sie, dann würde es ja offenbar, daß
ihr Gottesdienst eigentlich hieße Gott und sich selbst zum
Narren halten.

Auch fanden sich unter den Gänsen einige einzelne, die
sahen leidend aus und wurden mager. Von ihnen hieß es
unter den Gänsen: da sieht man, wohin es führt mit dem
Fliegen ernst machen zu wollen. Denn weil sie in ihrem
stillen Sinn mit dem Gedanken an das Fliegen umgehen,
deshalb werden sie mager, gedeihen nicht, haben nicht Gottes
Gnade, wie wir sie haben, und deshalb rund und fett und
delikat werden, denn von Gottes Gnade wird man rund
und fett und delikat.

Und nächsten Sonntag gingen sie dann wieder zum
Gottesdienst, und der alte Gänserich predigte von dem hohen
Ziel, wozu der Schöpfer (hier knixten wieder die Gänse und
die Gänseriche nickten mit dem Kopfe) die Gänse bestimmt
und dazu die Flügel gegeben hätte.

So mit dem Gottesdienst der Christenheit ... Denn
auch dem Menschen sind Flügel gegeben."

So sah es Kierkegaard. Er sah in der Christenheit die
Ideale des Christentums höchstens zu ästhetischer Erhebung
gebraucht; was dem Stifter und den Aposteln einen Todes-
kampf gekostet hat, verwertet als schmucke Stellen in einem
Vortrage; alles Wissen vom Geistigen und Ewigen nur angewendet zur Beruhigung, zu einer Sicherung und Ver-
brämung des menschlich-irdischen Lebens, wie das Heidentum

sie nicht kannte. Wo dabei doch mehr Gottesfurcht ist, da
ist das Christentum ins Judentum zurückgeschlagen, weshalb
z. B. der Ehestand als der eigentlich christliche und heilige
Stand gefeiert werde ganz im selben Sinn, wie im Mittel-
alter die Ehelosigkeit. Und während man sich behaglich auf
das einrichtet, was man von der Versöhnung, von des ewigen Gottes Liebe und Gnade zu wissen bekommen hat,
bringt man diesen göttlichen Wahrheiten eine Sattheit und
Überhebung entgegen, die kaum darauf hören mag, wenn sie
nicht mit Reizmitteln aufgetischt werden. Für eine Sache
der Frauen und der Kinder gilt das Christentum, welches
die äußerste Mannesreife fordert. — So weit wird Gottes
Majestät heruntergezogen, daß selbst mit Gründen bewiesen
wird, es sei nützlich zu beten, während man nicht genug
danken kann, daß es den Menschen vergönnt ist zu Gott zu
reden, und daß es Gott gnädig sogar geboten hat, damit
man die Bedenken und die Anfechtung überwinden kann.

Die ganze Art, wie daneben das Christentum von seinen Vertretern nach und nach dargestellt und in das Welt-
leben eingegliedert ist, wird zu einer vermessenen Beschuldi-
gung Christi und seiner Apostel, als hätten sie nicht verstanden mit den Menschen umzugehen und ihnen das religiöse
Gut zu übergeben. Als sei es ihre Schuld gewesen, daß sie
nicht besser mit den Menschen auskamen, als sei es ihre
Schuld gewesen, daß das Christentum den Menschen eine
Thorheit oder ein Ärgernis war.

— Wenn das volle, scharfe Licht der Ideale die that-
sächlichen Zustände beleuchtet, zeigen sich die Schatten tief
und groß, weshalb ja die Propheten stets ihrer Zeit als

Schwarzseher erscheinen, Kierlegaard sieht in immer neuen
Zügen den Abstand von der Wahrheit und die Verkehrung
der Wahrheit ausgeprägt, daß man wohl meinen kann, er
sei unermüdlich darin beides aufzusuchen. Aber wenn Martensen noch in seinem „Leben" dem die Deutung giebt, daß
Kierlegaard als ein Anklageengel mit einer gewissen herzlosen
Schadenfreude die Verderbtheit der Menschen gesehen habe,
darüber vergewissert, daß sie zuletzt auch verdammt werden,
so ist das nur ein Beweis mehr, wie wenig Martensen eine
Ahnung von dem Geist seines großen Widersachers aufgegangen ist.

Über die Mißhandlung des Christentums, dem seine
ganze Ehrerbietung gehört, entbrennt seine Seele; er muß
ihm Recht schaffen gegen seine undankbaren Kinder, die ihr
Spiel damit treiben. Die Zeit ist auch reif dazu, denn sie
ist reif, wenn so gut wie jeder privatim weiß und eingesteht,
daß die Sache verkehrt und unwahr ist, aber keiner es nachdrücklich öffentlich ausspricht, sondern alle thun, als wäre es
ganz in Ordnung. Dann steht der Wahrheit nicht eine
irrige, aber ehrliche Überzeugung gegenüber, sondern die Lüge.
Dagegen entflammt die Idealität mit Ironie und sittlichem
Zorn.

So schreibt Kierlegaard: „Das Prädikat christlich ist
lächerlich, wenn es auf Dänemark angewendet wird. Nimm
ein Bild. Wenn ein Mann mit der jämmerlichsten Kracke
von einem Pferd angezogen kommt, so ist nichts Lächerliches
dabei, wenn er sagt: das ist ein Pferd. Wenn er aber mit
einer Kuh kommt und sagt: das ist ein Pferd — das ist
lächerlich. Es hilft nichts, wenn er auch willig ist einzu-

räumen, es sei ein mäßiges Pferd. Nein, nein, es ist eine
Kuh." So findet er es sehr begreiflich, daß die Theologen
den Anfang des Christentums für mythisch erklären; das
Christentum ist ja in der Christenheit eine mythische Gestalt
geworden. Was Wunder auch, wenn es eine Romanfigur
wird, wenn die ersten Zeiten des Christentums in Romanen
geschildert werden, zum besten Beweis, daß es nicht mehr
die Religion der Dichter und der Leser ist, sondern ein
Gegenstand des ästhetischen Interesses und der ästhetischen
Schwärmerei.

Er weiß gut, daß es einen Kampf auf Leben und Tod
gilt. „Wenn da ein Kaufmann ist, der meint gut zu stehen,
du aber weißt, er ist bankrott, so gehe zu ihm und sage es
ihm. Wohl solches ist nicht angenehm zu sagen — aber er
giebt sich wohl. Gehe dagegen zu einem, der längst weiß,
daß er bankrott ist, aber seit lange in jeder Weise mit List
und Verschlagenheit alles gethan hat, um es zu verbergen
— zeige ihm, daß er bankrott ist: das geht wohl auf Leben
und Tod." Das wollte Kierkegaard wohl auf sich nehmen,
dazu wollte er sich brauchen lassen; seine Ahnung ein Opfer
zu werden, fand hier ihr bestimmtes Ziel. Ja es ist richtig,
seine Tagebücher können gut die Aufschrift führen: „Tagebuch des Richters" — aber er war sich bei dem allen bewußt, daß das Urteil zunächst über ihn selbst erging, wie er
es wiederholt aussprach, z. B. im Vorwort der Einübung
im Christentum. Seine Weise war es nicht über andere zu
richten und über sich selbst sicher zu sein. Schwermütig, wie
er ist, kann er die Schuld anderer viel eher leicht nehmen
als die eigne. Um so mehr ist er sich bewußt, daß gerade

er ſelbſt das Urteil wird bezahlen müſſen. Da war wahrlich
keine Schadenfreude, wenn er auch in Begeiſterung willig
war, von einem Geſchlecht geopfert zu werden, dem die
Ideale ein Narrenſtreich ſind.

Seine Leidenſchaft ward mehr und mehr entfacht. Die
Liebe zur Wahrheit, die Ehrerbietung vor dem Chriſtentum
überwog immer ſtärker jede andere Liebe und Ehrerbietung.
Jahrelang hat er regelmäßig Luthers Predigten geleſen und
die alten Erbauungsſchriften der evangeliſchen Kirche; in der
Übereinſtimmung hat er ſich erfriſcht und geſtärkt. Oft er-
wog er, ob nicht die Vorſchrift ſehr zweckmäßig wäre, daß
von Zeit zu Zeit eine Predigt Luthers von den Kanzeln
verleſen werden müßte. Mehr und mehr verfolgt er aber
den Schaden bis in die Reformationszeit, bis auf Luther.
Er findet, daß ſchon Luthers Lebensgang viel geſchadet hat.
Er ſieht darauf, daß Luther durchgreifend gehandelt hat als
ein auserwähltes Werkzeug Gottes; daß bei ihm, was ſelten
iſt, das Leben an manchen Punkten nachdrücklicher iſt als
die Lehre, aber er findet doch, daß ſein Lebensgang geſchadet
hat. Weil er lebend durchdrang und in großem Maße
Macht und Einfluß gewann, bekam es das Ausſehn für die
ſpätere Zeit, als ſei es das Kennzeichen des echten Vertreters
der Wahrheit, des rechten Reformators, daß er den Sieg
erlebt, und nur die unvollkommneren müßten leiden. Gerade
an Luther bekam die Einbildung einen Halt, als ſei die
Welt ſo gut, daß die Wahrheit in ihr ſiege, wenn ſie nur
recht vertreten werde — jene Einbildung, die für Kierkegaard
eine Blasphemie gegen Chriſtus einſchließt. Noch mehr ſieht
er den Schaden ſich davon anheben, daß Luther im Grunde

das Christentum im menschlichen Interesse darstellte, wie es
dem menschlichen Interesse entspricht, während der Herr und
die Apostel das göttliche Interesse vertraten — daß Luther
die Wendung der Sache giebt: so muß es sein, denn anders können wir Menschen es nicht aushalten, sonst müßten
wir verzweifeln. Damit wird die Ansicht eingeleitet, daß
das Christentum „zur Beruhigung" da sein soll, dem menschlichen Verlangen nach Beruhigung entsprechen soll; die Re-
aktion des Menschlichen gegen das Göttliche wird auf die
Bahn gebracht. O nein, das verblendet ihn nicht gegen
Luthers Größe. So schreibt er noch 1853: „Luther ist die
wahrste Gestalt nächst dem Neuen Testament. Was drückt
Luther aus? Einen Stillstand, einen Akt des Besinnens.
In ihm besinnt sich die Menschheit oder die Christenheit darauf, daß zwischen dem Gottmenschen und uns andern Menschen, ja zwischen den Aposteln und uns andern Menschen
ein Wesensunterschied ist und deshalb die „Gnade" angebracht werden muß. Die ersten Christen, die alten Kirchen-
väter verstanden es nicht so, sie gingen naiv auf die Nachfolge los ... — Luther schlug ab. Was ich tadle, ist,
daß er es nicht stärker kenntlich machte."

Er übersah keineswegs die Voraussetzung bei Luther,
daß er zu geängsteten Gewissen redete, die Trost brauchten,
und daß die Sache erst so verkehrt wird, wenn keine Unruhe
da ist. Denn das sind auch nach seiner Meinung nicht auf-
rührerische Unterthanen, die, wenn sie wirklich die Abgaben
nicht leisten können, direkt dem König sagen: wir können
die Abgaben nicht entrichten. Aber anders ist es, wenn sie
in aller Stille die Abgaben vermindern und fälschen — und

so sie ehrlich zu entrichten scheinen. Dieser Anwendung des
Lutherschen ist nach seiner Meinung nicht genug vorgebengt.
Er weiß gut, daß in der Augsburgischen Konfession, in den
Artikeln von den Mißbräuchen (Nr. 2) ausdrücklich in Bezug
auf die Priesterehe dasteht: „da bei dem Altern der Welt
die menschliche Natur allmählich schwächer wird" — aber
solche gelegentliche Bemerkung reicht nicht aus.

O ja, wenn man Kierkegaards Aufzeichnungen durch-
liest — die Schrift: „Christentum und Kirche" ist wie ein
Auszug daraus — kommt einem wohl jenes Wort Paul
Möllers in den Sinn: Sie sind so durchpolemisiert, daß es
schrecklich ist. Nicht einmal vor den Aposteln macht seine
Polemik halt, auch an ihnen rügt er schon eine Abschwächung
der Weise des Meisters um die Menschen mehr zu gewinnen,
während er doch dabei vor der Größe der Apostel sich klein
wie ein Kind weiß. Doch bei seinem so durchreflektierten
und so klaren Geiste kann wohl die Idealität in rücksichts-
loser Schärfe zum Ausdruck kommen, aber nicht ohne daß
ihr Maß gesetzt wird. Seine Leidenschaft ist erregt, sein
Zorn entfacht und ruht nicht eher, als bis er herausgebracht
hat, daß die gegenwärtige Verderbtheit des Christentums
ohnegleichen ist, aber sofort tritt auch die nüchterne Beurtei-
lung hinzu. So schreibt er 1854:

„a priori darf ich behaupten, daß diese Korruption
ohne Analogie in der Geschichte irgend einer andern Religion
ist. Die Korruption besteht darin, daß das Christentum
weiter besteht, nachdem man gerade das Gegenteil daraus
gemacht hat — besonders im Protestantismus, besonders in
Dänemark.

Übrigens liegt in dieser Art Korruption und darin,
daß sie ausschließlich im Christentum aufkommt, indirekt der
Respekt ausgedrückt, daß das Christentum die wahre Religion
ist. Man wagt nicht es abzuschaffen, noch spotten die Prie-
ster in ihrem stillen Sinn darüber, während sie es dem
Volk vortragen — nein, man macht es verstohlen zu etwas
anderem, zu dem entgegengesetzten, strebt mit aller Macht
sich selbst einzubilden, dies sei Christentum — in dem Grade
hat man eigentlich Respekt vor ihm."

Gegen all diese Abschwächung und Verdrehung, die
Kierkegaard im ganzen und im einzelnen beständig sieht,
gegenüber all dieser bewußten und unbewußten Verräterei
soll dem Christentum seine Ehre werden, es soll seine göttliche Hoheit wieder kund werden, mit der es den Menschen
entgegentritt, um sie in die Wahrheit zu führen. Dazu ist
bei ihm alles vorbereitet. Ihn treibt nicht bloß ästhetische
Begeisterung für die Wahrheit, nicht bloß jene objektive
Wahrheitserkenntnis, welche Märtyrer der Wissenschaft macht,
ihm giebt die persönliche Erfahrung das Wort. Wohl gilt
auch von ihm, was selbst der Apostel von sich sagt: nicht
daß ich es schon ergriffen hätte, oder schon vollkommen sei;
ich jage ihm aber nach, ob ich es auch ergreifen möchte,
nachdem ich von Christus ergriffen bin. So ist er von
Christus ergriffen und jagt dem nach, daß er ihn immer
mehr ergreife. — Er hatte mit einer Ursprünglichkeit die
christlichen Kategorien erlebt, als hätte er sie neu entdeckt —
so konnte er sie mit Ursprünglichkeit aussprechen. Und auf
das „Wie", auf die innerliche Wahrheit und Ergriffenheit
kommt es an. Denn wie er sagt: „das Wort, ich weiß

nichts als Christus, den Gekreuzigten, gesagt von einem
Apostel kostet das Leben; bei einem Wahrheitszengen wird
es Verfolgung; bei einem geringeren Christen wird es doch
eine Art Leiden; ein Dichter macht damit Glück, ein deklamierender Prediger macht nicht bloß Glück damit, sondern
wird im Ernst fast wie ein Heiliger geehrt. „Der einzelne"
dieser Gedanke ausgesprochen von einem Wahrheitszeugen im
strengen Sinn: ist der Tod. Ausgesprochen von einem unvollkommneren, von mir z. B., ist er doch ein entscheidender
Bruch mit der Welt und dem, was von der Welt ist, also
doch eine Aufopferung. Ein deklamierender Redner macht
Glück damit — denn die Wirkung hängt daran, welcher
persönliche Nachdruck darauf gelegt wird, wie man mit seinem Leben, seiner Existenz täglich und stündlich nachdrückt."

Was in der Dogmatik, wenn sie hierauf eingeht, objektiv abgehandelt wird als ein Erwerb der Reformation,
als ein religiöses Gut, an dem man in der Christenheit
Anteil hat, das hat Kierkegaard in äußerster Anstrengung
im schwersten Geisteskringen ergriffen, insbesondere, daß Christus beides ist, Vorbild und Gabe, daß beides in ihm geboten ist: Nachfolge und Gnade. Hier lag jahrelang sein
tiefster Zweifel, wesentlich derselbe Zweifel, in dem Luther
bis zum Tode geängstet wurde und mit Gott wohl haderte,
daß durch Christus alles unendlich schwerer geworden —
denn wenn man mit Gott dem Vater allein zu thun hat,
ist keine Nachfolge gefordert. Doch war Kierkegaard nicht
wie Luther in seinem Ringen unbekannt damit, daß durch
die Erlösung aus Gnaden die Kindesstellung zu Gott gegeben wird, an deren Erwerbung man verzweifeln mußte.

Kierkegaard kannte Christus als den Erlöser, die Entdeckung der Rechtfertigung aus Gnaden konnte nicht wie bei Luther den Zweifel heben. Insofern lag sein Zweifel tiefer, weiter hin auf dem Wege. Die Nachfolge, welche gerade auf Grund der Erlösung gefordert ist, fällt ihm mit allem Gewicht auf die Seele. In unmittelbarer Begeisterung und Einfalt findet man es ganz in der Ordnung, ein so hohes Vorbild zu haben, und ist fromm überzeugt, daß es wohl glückt. Für die entwickelte Reflexion zeigt es sich anders. Man sieht den Abstand zwischen Gott und sich selbst, man kann sich nicht mehr naiv Gottes Freund noch auch Christus seinen Bruder nennen, man sieht die unendliche Erhabenheit, welche die Nachfolge aussichtslos macht. Und doch ist sie im Neuen Testament von Christus auf das nachdrücklichste gefordert, nicht um die Gnade Gottes zu verdienen, sondern um die geschenkte Gnadenstellung zu behaupten und von Christus anerkannt zu werden. Da erfuhr Kierkegaard, daß die Aufgabe, so die Hoffnung der Seligkeit durch das eigne Streben in der Zeit behaupten zu sollen, tödlich ist. Er verstand den Ausweg Augustins und Luthers. Er verstand es so, daß Augustin deswegen auf die Gnadenwahl, auf die Vorherbestimmung verfiel, um nicht die ewige Entscheidung in das Streben des Menschen zu legen, während Luther im Grunde es so wende: kein Mensch kann die Angst aushalten, daß sein Streben über ewige Seligkeit oder Verlorenheit entscheide. Das führt nur zu Verzweiflung oder zu Vermessenheit, und deshalb ist es auch nicht so. Du wirst aus Gnaden gerettet, beruhige dich, du wirst aus Gnaden gerettet, und so strebe, so gut du kannst. Und so geschah es

nach und nach, daß nur von Christus als Gabe die Rede
war, nicht von Christus als Vorbild. Und wenn es angeht, daß einer als gläubiger Katholik gelten kann, der als
Bandit lebt, wenn er die Ordnungen der Kirche befolgt, so
wird im Protestantismus von dem Glauben an die Gnade
auch nichts gefordert als bürgerliche Rechtschaffenheit. Die
Nachfolge erscheint als Übertreibung.

Da verstand Kierkegaard mit aller Ursprünglichkeit die
Forderung des Neuen Testaments, und indem er darunter
Christus näher und näher kam, verstand er, daß das Vorbild dazu da ist, um Justiz zu halten, damit die Gnade ge-
sucht werde mit dem Bewußtsein, wie große Gnade man
braucht, und beständig braucht bei der Verschuldung in der
Nachfolge.

Wie sehr es abhauben gekommen war, daß Christus
das Vorbild für die Christen ist, erfuhr Kierkegaard auch
noch darin, daß es als Überspanntheit erschien, da er daran
mahnte. Martensen hat die Parole ausgegeben, Kierkegaards
Nachfolge Christi, die von ihm betonte Gleichzeitigkeit mit
Christus, sei eine asketische Karikatur, und so klingt es weiter, während doch Kierkegaard in nüchterner Besonnenheit
stets bei dem Einfachen und Grundsätzlichen bleibt, das unabhängig von den Verhältnissen und Gaben sich verwirklichen
läßt. A. H. Frandes Auffassung der Nachfolge Christi
schlägt nach Kierkegaards Meinung über, wenn sie z. B. auf
das Tanzen angewendet wird, wie die Stimme überschlägt,
wenn man sie zu hoch spannt. Nein, er bleibt einfach dabei:
Christus als Vorbild drückt aus, daß es gilt sich unbedingt
zu Gott zu halten, in dem Streit der Menschen wider Gott

seine Ehre darein und sein Leben daran zu setzen, daß man
sich zu Gott hält, auch gegen das eigne Fleisch und Blut.
Was in seinem Leben wie eine Nachahmung Christi
aussieht, ist es keineswegs. Es war nicht Nachahmung
Christi, daß er unverheiratet blieb, sondern weil er es in
bitterster Kollision unmöglich fand, die Geliebte heimzuführen;
und dann verstand er hinterher, was das Christentum im
Sinn hat, wenn es die Ehelosigkeit empfiehlt. Ebensowenig
hat er in Nachahmung Christi jede Amtsstellung verschmäht;
er macht kein Hehl daraus, daß es wiederholt sein Wunsch
war, ein Pfarramt und nachher ein Amt am Predigerseminar
zu übernehmen; und erst als ihm dies durch seine Lebens-
führung versagt blieb, verstand er, daß es zu seiner Aufgabe
gehörte, uneigennützig, ohne jede irdische Entschädigung der
Wahrheit unter den Menschen zu dienen. Und wie schon
gesagt, kam er auch nicht in Nachahmung Christi zum Bruch
mit seiner Zeit, sondern in menschlicher Sympathie handelte
er und in sittlicher Wahrhaftigkeit und lernte an den Folgen
Christus besser verstehen. Nicht in Einzelheiten und Äußerlichkeiten sah er die Nachfolge Christi nach Art des Mittel-
alters, sondern in der grundsätzlichen Stellung zu Gott und
Welt, die dann von selbst eine äußere Ähnlichkeit des Lebens-
ganges herbeiführt. Und in diesem Sinn ist er dem Vorbild nachgefolgt; Gott die Ehre zu geben, das war die Idee
seines Lebens.

Wenn er in anderem Grade zu Gott stand, als sonst
geschieht, so rechnete er sich das übrigens keineswegs als
Verdienst an. Er meinte, bei seinem ganzen Lebensgange,
bei seiner gegebenen Situation habe er eben Gott mehr gebraucht.

Man kann auch gut sagen, er ist von Kindheit an für seine Aufgabe vorbereitet und erzogen worden, und doch schien er wieder so ungeeignet zu solchem Gebrauch. Er war von so gebrechlicher Gesundheit, körperliche Leiden ließen ihn sich so schwach und elend fühlen, daß seine Kräfte in einem schreienden Widerspruch zu der Aufgabe standen, den Kampf mit seiner Zeit aufzunehmen. Er war von einer Beschaffenheit, bei der sonst ein Mensch meint, er könne nur seiner Gesundheit leben. Er verstand das Wort vom Pfahl im Fleisch in beständiger Erfahrung, aber er verstand auch in eigener Weise das dazu gehörige Wort: laß dir an meiner Gnade genügen. Nicht minder erschwerte ihm im Vergleich mit anderen den Kampf, daß er ohne Unmittelbarkeit war, ohne die unmittelbare Begeisterung, die blind vorwärts geht, ohne zu sehen, wohin es geht und was daraus wird, bis sie nicht mehr zurück kann. Er ging mit sehenden Augen. Doch hatte er die Begeisterung zu dem Werk und die unerschrockene Festigkeit. So gut wie alle kommen ja darüber ins Schwanken, daß doch Etwas besser sei als Nichts auch im Christentum; etwas Christentum besser als gar keins, etwas Anerkennung des Christentums besser als keine. Damit beginnt das Aufgeben der Ideale und ihrer erweckenden Kraft; in unermüdlichem Mißbrauch des Wortes: „Verdirb es nicht, es ist ein Segen darin" wird das Halbe und Schiefe umfriedigt und gepflegt. Kierkegaard ist darin gefestigt, daß wohl im Endlichen gilt, daß Etwas besser als Nichts ist, aber bei dem Unbedingten gilt ihm: Nichts ist besser als Etwas, besser kalt als lau, wie die Schrift sagt, und in der Durchführung dieser Erkenntnis kann man vielleicht

am deutlichsten sehen, daß in ihm wieder nach langer Zeit
die Idealität des Neuen Testaments zum Ausdruck kommt.
In dieser Gewißheit, daß Nichts besser ist als Etwas, ist er
gehärtet gegen die Drohung, daß man das Christentum aufgeben werde, wenn es so sich zeige. Man wird erinnert an
das Wort zu dem Propheten: „ich habe deine Stirn hart
gemacht wie Diamant;" so ist er klar und fest die Sache
durchzuführen. Ein gleichzeitiges Beispiel wie die richtige
Erkenntnis bei aller Begeisterung falsch gewendet werden
kann, sah er an Binet. Dieser sagt ziemlich übereinstim-
mend mit Kierkegaard: „die Lehre des Christentums ist der
Fall des Geschlechtes und die Aufrichtung des einzelnen."
Aber seine Rede bleibt nicht in der Richtung auf den einzelnen, sie wendet sich an die öffentliche Meinung und sucht
sie für seine Sache zu gewinnen, er sucht das Publikum dafür zu interessieren. Das läuft auf Parteibildung hinaus
und auf Geschwätz; denn wenn sich auf solche Sätze eine
Partei bildet, so wird Geschwätz daraus. Ein einzelner muß
der Gesamtheit gegenübertreten, und gegen die Gesamtheit
allein stehen, gleich den Propheten, um jedem einzelnen in
der Menge das Ganze zu sagen, und nicht selbst den Ausweg zu öffnen, daß man durch die sachliche Anerkennung der
Richtigkeit sich gedeckt fühle.

So war Kierkegaard gegürtet zu dem Werk, und er
hat es vollbracht bis zum Tode, so daß auch seine Zeitgenossen sahen, wie Goldschmidt aussprach, daß er sich darin
verzehrt hatte und sein Geschick märtyrerartig geworden war.
Aber es ward ihm sehr schwer, und das ist eine Ehre und
eine Größe mehr. Im Nibelungenliede hat ja unter den

Helden des Markgrafen Rüdigers Name einen besonderen
Klang, und gerade weil er seinen Heldengang mit schwerem
Herzen vollendet. Dem Markgrafen fehlt es nicht an Helden-
mut für seinen Lehnsherrn in den entscheidenden Kampf zu
gehen, aber daß er auch an die Feinde seines Herrn in
Treue gebunden ist, macht ihm den Kampf so schwer. Und
wie an ihm in dichterischer Vollendung gezeigt wird, daß in
Seelenschmerz und Selbstaufopferung die Treue gewahrt und
die Ehre gemehrt wird, so ist es von Kierkegaard verwirklicht.

Auch er sah sich an die andere Partei, gegen die er
streiten sollte, gebunden. In Sympathie war er tief und
stark an seine Zeit gebunden. Und bei ihm war es ja
wahrlich nicht so, daß ihn die Menschen durch Erweis von
Freundschaft und Liebe sich verpflichtet hätten. In naivem
Optimismus oder in dem unmittelbaren schwärmenden Ge-
schlechtzusammenhange und Gemeinschaftsgefühl die Menschen
zu lieben, ist keine Kunst; bei Kierkegaard ist es Größe.
Er hatte keinen probehaltig gefunden, und bitter im reichlich-
sten Maße die Untreue und Erbärmlichkeit erfahren; er hatte
Grund genug gern die Hand zu bieten, daß ihre Jämmerlich-
keit ins Licht gestellt würde. Darum ist es seine Ehre und
Größe, daß er Sympathie mit ihnen behält und in einem
Maße, daß es ihn ängstigt ihnen die Forderungen des
Christentums in ihrer ganzen Schärfe entgegen zu halten.
In Teilnahme mit den Menschen versteht er nur zu gut,
welche Unruhe er ihnen anfachen soll, ja daß er ihnen auf-
legen soll, was keiner aushalten kann, während er ihnen das
Vindernde, das Mildernde entwinden muß. Denn es kann
doch kaum einer aushalten buchstäblich allein vor Gott und

6*

allein für die Ewigkeit zu leben; er weiß gut, daß die „Gemeinschaft", die Gemeinsamkeit des Gottesverhältnisses eine
unentbehrliche Linderung ist, die auch dem innerlich stark
Angestrengten zu empfehlen ist. Kann es doch der Mensch
auf die Dauer kaum aushalten, sein Selbstbewußtsein und
seine Selbstbestimmung mit dem Ewigen zu erfüllen, bedarf
er doch dazwischen wie einer Erholung und Zerstreuung, daß
er auch im Endlichen etwas bedeutet, und ein endliches Ziel
hat. Das ist ihm deswegen vom Christentum auch zugestanden, und es ist ihm zugestanden sich zusammen zu thun
— aber wenn diese Zugeständnisse an die menschliche Gebrechlichkeit so gewendet werden, als wären sie das höchste
Ziel, der volle Ernst, das ganze Christentum, da muß erst
wieder die volle Idealität der Forderung in Angst und Unruhe bringen, bis man demütig inne wird, wie viel Gnade
man gebraucht.

Sein Werk war freilich ganz anders als das eines Er-
weckungspredigers, der in seiner Unmittelbarkeit gar nicht
anders weiß, als daß er den Menschen mit dem Evangelium
lauter Friede und Freude bringt, und nicht ahnt, zu welchen
Anstrengungen er sie ruft, wenn sie ernstlich fassen, was er
ihnen verkündigt. Und es war auch innerlich weit schwerer
als Luthers Werk. Denn wenn auch Luther gegen die ge-
sammelte Macht der Welt zu stehen hatte, und ihren Dro-
hungen die Stirn bieten mußte, er wurde doch dabei von
der Liebe zu den Menschen getragen, weil er den Trost des
Evangeliums für geängstete Gewissen wieder entdeckt hatte,
und die Freiheit des Christenmenschen für die Geknechteten.
Bei Kierkegaard ist die Liebe zu den Menschen das Hem-

mende, sie tritt ihm in den Weg und beschwört ihn gleichsam inne zu halten und zu schonen. Diese Liebe zu den
Menschen läßt ihn, was er sagen soll, doppelt schwer und
streng ansehen. So sagt er: „Wie sind die Ausdrücke des
Christentums so fürchterlich wahr. Ich bin gekommen, Feuer
anzuzünden auf Erden! Ja, denn was ist ein Christ? Ein
Christ ist ein Mensch, in dem Feuer aufgegangen ist.

Das kann dann wieder am Pfingstfest — Geist ist
Feuer; Feuerflammen setzten sich auf sie.

Geist ist Feuer. Das ist sogar Sprachgebrauch. Ein
Beispiel von einer ganz andern Welt, das ja gerade deshalb
den Sprachgebrauch erklärt: Don Juan sagt von Elvira:
„in ihren Augen lodert auf ein Feuer, als wäre es von
einer andern Welt" — und deshalb geschieht es, daß „sein
Herz schlägt schwer bei ihrem Anblick."

Geist ist Feuer. Daher der Sprachgebrauch ausbrennen
zu Geist, wie bei Baggesen: „ausgebrannt zu Geist." Ach,
aber in dem Brand, den das Christentum anzünden will,
sind es nicht alle, die zu Geist ausbrennen, manche brennen
zu Asche; sie werden im Feuer nicht Geist.

Geist ist Feuer, das Christentum ist Brandstiftung.
Und vor dieser Feuersbrunst bangt natürlich den Menschen
mehr als vor irgend einer andern. Denn wenn einer auch
zehnmal brandbeschädigt wird, wenn nur die Lebenslust in
ihm nicht ausstirbt, so kann er vielleicht doch ein wohlhaben-
der Mann werden und sein Leben genießen. Aber das
Feuer, welches das Christentum anzünden will, ist nicht darauf berechnet, einige Häuser abzusengen, sondern gerade die
Lebenslust abzusengen, auszubrennen zu Geist.

Geist ist Feuer. Daher der beständige Sprachgebrauch: wie das Gold im Feuer geläutert wird, so werden die Christen geläutert. Bei dem Feuer darf man dann nicht bloß an das Feuer der Trübsal denken, die von außen kommt. Nein, es ist ein Feuer in den Christen angezündet, und durch dieses oder in diesem Verbrennen ist die Läuterung.."

Er selbst hat das erlebt und hat dabei erfahren, daß es Hilfe ist, aber wenn er in schwermütiger Sympathie auf die andern sieht, dann findet er einen großen Unterschied.

„Da ich als Verfasser mit Entweder-Oder begann, hatte ich gewiß einen weit tieferen Eindruck von den Schrecken des Christentums als irgend ein Geistlicher im Lande; ich hatte Furcht und Zittern, wie vielleicht keiner. Nicht, daß ich deshalb das Christentum aufgeben wollte. Nein. Ich erklärte es mir auf andere Weise. Teils hatte ich ja frühe gelernt, daß es Menschen giebt, die gleichsam ausersehen sind zum Leiden, und teils war ich mir bewußt, daß ich viel gesündigt hatte, deshalb, dachte ich, müsse sich mir das Christentum mit diesen Schrecken zeigen. Aber wie grausam und unwahr von dir, dachte ich, wenn du damit andere schrecken und vielleicht viele, viele glückliche, liebenswürdige Existenzen verstören wolltest, von denen doch vielleicht gilt, daß es bei ihnen Wahrheit ist, daß sie Christen sind. Es war meinem Wesen so fremd wie möglich, andere erschrecken zu wollen, daß ich wehmütig und vielleicht auch etwas stolz meine Freude darin fand, andere zu trösten und die Milde selbst gegen sie zu sein — indem ich den Schrecken in meinem Innersten verbarg.

So war es meine Absicht in humoristischer Form der

Mitwelt einen Wink zu geben, ob sie nicht selbst verstehen
wollte, daß sie größeren Druck brauchte — aber nicht mehr;
meine schwere Last dachte ich für mich selbst zu behalten als
mein Kreuz. Ich habe oft mißbilligt, daß einer, der sich im
strengsten Sinn als Sünder fühlt, gleich geschäftig ist, andere zu schrecken. — Hier liegt die abschließende Nachschrift."

Und ein andermal (1850):

„Welche göttliche Vollmacht gehört doch dazu, das
Christentum zu verkünden! Eine Lehre zu verkünden, deren
Anfang ist, daß sie die Menschen menschlich gesprochen un-
glücklich macht.

Hier liegt eine der Schwierigkeiten meines Lebens. Ich,
von Kind auf der Unglückliche mit unsäglichen Qualen, und
dann ein Pönitierender, ich finde für meine Person das
Christentum ganz in seiner Ordnung; ich fühle, es muß so
sein, um mir zu helfen, und ich bin außerdem durch einen
Kindheitseindruck in Pflicht daran gebunden.

Aber nun andern diese Lehre zu verkünden, dazu habe
ich fast nicht den Mut. Man muß mehr als Mensch sein,
um unter dem Aussehn, daß man trösten will — erst den
Leidenden weit weit unglücklicher zu machen. Ich kann es
nicht; sehe ich einen Leidenden, so tröste ich gleich, und
mit dem Trost, der der menschliche ist, und der ist nicht
Christentum.

Mich freut das glückliche Leben der andern, ich würde
sie so gern darin unterstützen — o ich habe auch einmal
gewünscht, so glücklich zu sein! Das wurde mir versagt und
mir wurde das Christentum angewiesen. Aber nun, wenn
ich das Christentum in Wahrheit verkünden sollte, so müßte

ich dies ganze glückliche Dasein verstören, welches auffommen
kann, wenn man nur nicht in Berührung mit Geist kommt.
Und ich, wenn ich die Freude der jungen Mädchen und das
Glück der Liebenden und den stillen Frieden des Familien-
lebens sehe: ich sollte das durch die Verkündignng des
Christentums verstören! Zuweilen ist es mir als ginge ich
und trüge an einem Verbrechen mit diesem meinem Wissen
vom Christentum; es scheint mir so natürlich, daß die Menschen mich fliehen, mich wie einen Menschenfeind verabscheuen
müssen. Ich sehe die jungen Mädchen, ihre Thränen, ihren
Zorn, daß sie doch auf die eine oder andere Weise sich von
mir frei machen könnten; ich höre die Bitten der Hausfrau,
sie betet zu Gott, daß er mich an ihrer Thür vorbeiführe,
daß ich nicht mit meinen Reden den Frieden und die Freude
in dem geliebten Heim störe, wo sie baut und wohnt.

O einmal im Jahr deklamieren: „mir ist die Welt gekreuzigt und ich der Welt" — ja, was thut das wohl! Aber
es zur Wirklichkeit machen, im täglichen Leben ausdrücken,
mir ist die Welt gekreuzigt und ich der Welt! . . .

Sieh, dazu habe ich nicht die Kräfte. Ich der Unglückliche habe das Christentum gebraucht; meine Freude wellte
längst und nur Dornen blühen für mich: ich lernte das
Christentum brauchen. Ich war der Elende — aber ich habe
nicht die Kräfte dazu, andere unglücklich zu machen um ihnen
zu dem Verständnis des Christentums zu helfen.

Das hatte ich von Anfang an verstanden, und deshalb
war es mein Gedanke, den innersten Ausdruck für das
Christentum in meinem eignen Innern verborgen zu halten.

Da ist etwas anderes geschehen. Die Welt nahm mich

eitel; ihre Mißhandlung zwang die strengere Christentums-
Verkündigung über meine Lippen eigentlich gegen meinen
Willen."

Kierkegaard überschätzte vielleicht in etwas das Leiden,
die Verstörung, ebenso wie er das unmittelbare Lebensglück,
das er eben nie gekostet hatte, überschätzte. Wenn man liest,
wie er das Leiden des Absterbens ausmalt, dann erscheint
es einem wohl zunächst übertrieben — wie er auch selbst dazwischen sagt — bis man darauf achtet, daß er sich mit
Sympathie in den Gesichtspunkt der Daseinsfreude versetzt.
Dann aber hat er übersehen, daß das Dasein seinerseits
selbst das Absterben unterstützt durch seine Vergänglichkeit
und durch das Ungenüge in seiner Freude; er hat darin
beiseite gelassen, daß doch im Menschen Geist entgegenkommt,
und das Herz selbst allmählich etwas abstirbt. Aber es ehrt
ihn doch gerade, daß seine Sympathie so tief mitfühlt, tiefer
sogar und stärker als die, mit denen er empfindet.

Es ist auch richtig, daß er manchmal den Eindruck
überschätzte, den die Aussprache dessen machen werde, was
ihn so gewaltig, so erschütternd ergriffen hatte. Er traute
den Menschen mehr Leidenschaft, mehr Energie zu, als sie
besaßen. Ihm war es ein furchtbares Wort zu seinem
Vaterlande sagen zu sollen: „das Christentum ist gar nicht
da;" ihm bangte davor, welche Erschütterung dies Wort ver-
ursachen würde, da alle so beruhigt im Christentum lebten.
Er rang sich die Herausgabe der christlichen Reden *) und
der Einübung in schweren Seelenkämpfen ab — doch muß

---

*) Zum Teil übersetzt in den Zwölf Reden von S. K. Halle,
Jul. Fricke. Die „Einübung" und „Krankheit zum Tode". Ebenda.

man dabei bedenken, daß es im Jahre 1848 war, wo ein Funke leichter zünden konnte als sonst. Er war es gewohnt, dem Schlimmsten entgegen zu sehen; so ängstigte ihn nicht nur die Verstörung so vieler beruhigten Existenzen, sondern auch die Empörung, die sich gegen ihn selbst als einen Menschenfeind erheben werde; daß es sein Tod würde, war seine Erwartung, und dazu sah er sich geweiht. Aber diesem Gange giebt nun die Liebe zu den Menschen eine so ängstigende Verantwortung. Sie werden schuldig, wenn sie ihn töten. Das wurde für ihn deshalb ein schreckliches Problem: „Hat ein Mensch das Recht sich für die Wahrheit totschlagen zu lassen; darf er die andern so schuldig werden lassen?“ Dieses Problem legte er 1849 seiner Zeit in einem pseudo- nymen Schriftchen vor. Man urteilte darüber, es sei von einem Schüler Kierkegaards. Es ahnte wohl keiner, wie nahe diese Frage die Zeit anging, und mit welcher Ent- schlossenheit sie aufgeworfen war. — Daß solches so wenig berührte, lehrte ihn, daß mit dem stärksten persönlichen Nach- druck und mit anders einschneidendem Ausdruck die idealen Forderungen und das Urteil über die bestehenden Zustände ausgesprochen werden müßten, um ans Leben zu bringen, das sei nun zum Ärgernis oder zum Glaubensgehorsam.

Hinterher sieht es ja wie eine schwermütige Einbildung aus, daß er werde totgeschlagen werden, doch lag diese Kon- sequenz gar nicht fern. Und man beurteilt Kierkegaards Er- wartung auch wohl anders, wenn man z. B. erwägt, daß Rasmus Nielsen, der kein Phantast und kein Schwätzer war, zu ihm sagte: „Wenn die Mitwelt ahnte, in welchem Grade Sie ihr überlegen sind und wie sehr Sie sie durchschauen, so

ſchlüge man ſie tot." Rasmus Nielſen ſtand Kierkegaard
nahe und hatte einen feſten Blick für „Idee und Wirklichkeit."

In dieſer Sorge um die Menſchen ſucht er beſtändig
alles möglichſt milde und ſchonend zu ſagen, auch als ihn
die Erfahrung belehrt hat, daß indirekte Mitteilung wenig
Eindruck machte und die Empfindlichkeit für den Stachel der
Ideale nicht groß war. Als er ſich dadurch zu ſtrengerer
Verkündigung gezwungen ſieht, jubelt ſeine Seele förmlich
auf, als er die Möglichkeit erlaubt ſieht, die „Krankheit zum
Tode" und die „Einübung im Chriſtentum" unter einem
neuen Pſeudonym (Antiklimakus) herauszugeben. Das war
eine Weiſe, die ihm ſo von Herzen zuſagte, in Rückſicht auf
Mynſter, wie bereits erwähnt, und auf ſeine Zeitgenoſſen.
Er ſchreibt davon unter anderm im Tagebuch von 1849:

„Die Krankheit zum Tode iſt nun gedruckt und pſeudonym, von Antiklimakus. Die Einübung im Chriſtentum
wird auch pſeudonym. Ich verſtehe nun mich ſelbſt ſo ganz.

Die Pointe des Ganzen iſt: es iſt ein höchſter Ausdruck des Chriſtentums in ethiſcher Strenge; er ſoll minde-
ſtens gehört werden. Aber auch nicht mehr. Es ſoll jedem
überlaſſen werden in ſeinem Gewiſſensverhältnis zu ent-
ſcheiden, ob er den Turm ſo hoch zu bauen vermag.

Aber gehört muß es werden. Und das Unglück iſt
gerade, daß faſt die ganze Chriſtenheit und die Geiſtlichkeit
mit nicht bloß beſtenfalls in weltlicher Klugheit lebt, ſondern auch frech darauf trotzt und konſequent Chriſti Leben
für Phantaſterei erklären müßte.

Deshalb ſoll das andere gehört werden, womöglich gehört wie eine Stimme in den Wolken, gehört wie der Flug des wilden Vogels über den Köpfen der zahmen.

Mehr nicht. Deshalb soll es pseudonym sein, ich nur Herausgeber.

O aber, was habe ich nicht gelitten, ehe ich dazu kam, was mir doch im Grunde früh klar wurde, aber was ich dann doch zum zweiten Male verstehen mußte. Sollte ich weiter als Verfasser arbeiten, so müßte die Sünde und die Versöhnung der Gegenstand sein, so daß ich nun in erbaulicher Rede benutzte, daß die Pseudonyme den Preis so hoch geschraubt haben. — — —

Nun beruht es daranf, wie die Zeit es nehmen will; darauf beruht auch mein Schicksal. Verhält sie sich ruhig, läßt sie es in aller Stille auf sich wirken, so wird das Verhältnis das möglichst mildeste.

Thut sie es nicht, wendet sie sich angreifend gegen mich, so wird es in einem Sinn am schlimmsten für die Zeit; denn dann muß ich stehen bleiben. Ans dem, was meiner Darstellung widerfährt, muß ich einen direkten Beweis gegen die Christenheit ziehen. Dann wird alles einen Grad strenger. Dies wird natürlich auch für mich streng genug werden, aber ich muß schon mitgehen."

So kam es ja; er wurde zu strengerem Auftreten gezwungen, wie ich im ersten Abschnitt bereits erzählte. Die mildere Weise macht keinen Eindruck — und ablassen, das kann er nicht; seine Liebe zu Gott macht es ihm unmöglich; diese Treue giebt er um der Menschen willen nicht auf, wie schwer es ihm auch in der Liebe zu den Menschen war, so vorzugehen.

Nachtragen will ich hier noch (vergl. S. K. Verfasser-Existenz S. 138 f.), daß Martensen auf Kierkegaards Ein-sprache in einer im Druck erschienenen Ordinationsrede die Leugnung eines Abstandes vom Christentum des Neuen Te-stamentes wiederholte und die Geistlichkeit schloß sich mit allen Äußerungen in der Presse und auf Synoden dem Bi-schof im wesentlichen an. Sie hielt mit ihm dafür, es sei für den Bestand der Kirche nötig, den Abstand zu ver-schleiern.

Da hielt Kierkegaard seinem Herrn die Treue gegen seine Zeit, der er sich so stark verbunden fühlte. Daß er es that, daß er der Idealität, den hohen Forderungen des Evangeliums nichts vergab, ist wohl offenbar, da ja vielmehr bis auf den heutigen Tag die Rede geht, daß er übertrieben habe. Alle die Worte des Herrn, die zunächst auch seinen Jüngern hart erschienen, und von der bestehenden Christen-heit so unbedenklich aufgelöst werden, als stünden sie gar nicht da, hat er mit einem Nachdruck und einer einschneiden-den Schärfe geltend gemacht, daß sie gehört wurden, aber freilich auch als „harte Rede". Vielleicht bekommt auch jeder bei den Artikeln Kierkegaards zunächst den Eindruck, daß er nun jede Rücksicht, jede Schonung beiseite gesetzt habe, nach-dem er einmal das Letzte begonnen. Doch ist es nicht so. Auch da noch blieb es sein Wunsch, sein Verlangen, daß alles doch milde und schonend für das Bestehende hingehen möchte. Am 20. März 1855 veröffentlichte er einen Artikel mit dem Motto: Marc. 13, 2 Siehst du diesen großen Bau? es soll nicht —. Vielleicht merkte keiner auf den Sinn des Gedankenstriches, daß er die Fortsetzung offen ließ.

die Frage stellte, ob es wie damals heißen sollte: nicht ein Stein auf dem andern bleiben — oder ob es, wie Kierkegaard wünschte, heißen könne: es soll nicht ein Stein gerückt werden in dem äußern Bau des Bestehenden. Wenn es auch keiner beachtete, er hielt die Möglichkeit auch da noch fest, daß das Bestehende gerade gesichert und in Frieden erhalten werde durch die Beugung unter die Wahrheit. Das führte er in dem Artikel vom 31. März weiter aus, daß er nur Redlichkeit will, ehrliches, redliches Eingeständnis gegenüber den Forderungen des Neuen Testaments. Denn „wenn uns Gott gleichwohl aus Gnade als Christen annehmen soll, eins muß gefordert werden, daß wir aus der Kenntnis der Forderung eine wahre Vorstellung davon haben, wie unendlich große Gnade uns erwiesen wird. So weit kann die Gnade unmöglich reichen, sie darf nie dazu gebraucht werden, die Forderung zu verschweigen oder zu vermindern" (vergl. Verfasser-Existenz S. 156). So hält er mitten im brennendsten, bittersten Streit den Gesichtspunkt der „Einübung im Christentum" fest. Er sagt darüber: „Man mißverstehe mich nicht. Es ist mein innerlichster Wunsch, sowohl um meinetwillen — denn ich bin nicht der Starke — und um anderer willen, unter denen der und jener ist (um nicht zu allgemein zu reden und damit weniger zu sagen), den ich eben so hoch liebe wie mich selbst — also es ist mein innerlichster Wunsch, daß alles so mild und still und friedlich wie möglich hingeht, und deshalb ist es wieder mein Wunsch, daß man mich bei der Sache ungehindert läßt. Gerade was man am meisten fürchtet — laß es uns ehrlich sagen — nämlich die Folgen in irdischer, zeitlicher, bürgerlicher Hinsicht, davor ist mir gar nicht bange. Mein Gedanke ist, daß alles in dieser Hinsicht gänzlich unverändert bleiben kann — wenn man nicht störend eingreift. In Bezug auf solche Veränderungen stimmte ich so entschieden mit dem verstorbenen Bischof überein; wie oft habe ich ihm nicht wiederholt: ich bin — in dieser Hinsicht -- so konservativ, daß wenn ich zu walten hätte, und wenn auch die Opposition noch so eifrig darauf bestände, nicht so viel wie ein Knopf an dem Rock des interimistisch angestellten Unterküsters verändert werden sollte. — —

Laß es mich noch einmal wiederholen: es ist mein innerlichster Wunsch sowohl um meinetwillen als um andrer willen, daß alles so still, so friedlich, so mild, so erwünscht wie möglich hingehe — und ich hoffe es.

Aber soll es anders sein, soll gekämpft werden: nun wohl, ich mit meinem Leben scheue mich besonders zu eignen in den Kampf zu gehen."

Während also sein langes, rücksichtvolles und selbstverleugnendes Arbeiten vergeblich gewesen war, und sein notgedrungenes Eintreten für die unterdrückte Wahrheit ihm nur Entrüstung und Schmähungen eingetragen hatte, blieb er doch bis zuletzt seiner Liebe zu den Menschen treu und dem Verlangen, ihnen möglichst milde zu begegnen.

Darin ist doch unverkennbar eine Ähnlichkeit mit seinem Herrn, das sind Malzeichen der Nachfolge, und so ausgeprägt, daß sie manche Züge im Leben Jesu beleuchten, die in der üblichen Darstellung zurücktreten; vergl. z. B. Einübung im Christentum S. 164.

Doch glaube ich noch etwas stärker die Größe betonen

zu sollen, welche sich in der Treue gegen Gott offenbarte.
Es ist ja allemal die eigentliche Ehre des Menschen, wenn
er seinem Gott Treue hält und darin aushält sich von ihm
brauchen zu lassen. Das Maß der Größe, welche sich darin
zeigt, bestimmt sich nach der Größe der Anfechtungen, die
dabei zu überwinden sind. Und die Anfechtungen sind bei
Kierkegaard groß. Ich erinnerte schon daran, wie viel
schwerer es ist, den Weg mit sehenden Augen zu gehen, zu
wissen, welche Folgen der nächste Schritt haben wird, und
in schwermütiger Reflexion eher größeren als geringeren Anstoß erwarten; wie schwer so der Gang ist, weil man es
dann doch selbst ist, der die Folgen herbeizieht; man sah sie
ja und that es doch. Und dazu kommt das andere, daß
Kierkegaard kein unmittelbares Gottesverhältnis hat. Die
Werkzeuge Gottes, von denen die Schrift berichtet, und alle
Zeitgenossen Jesu, die in ihm den Gottessohn sahen, die
hatten ein unmittelbares Gottesverhältnis. Sie hörten es
aus seinem Munde, oder erfuhren es durch Offenbarungen,
was sie thun sollten. Wenn so jener reiche Jüngling im
Evangelium in Christus Gott sah, so war ja ganz ausdrücklich zu ihm persönlich gesagt: gehe hin, verkaufe, was
du hast. Sah er nicht Gott in Jesus, so war er in dem-
selben Fall, wie jeder andere, der ein solches Wort nachträglich hört, und es auf sich selbst nehmen muß, wie weit
er den allgemeinen Befehl ausführt seiner Stellung gemäß,
und hat bei der Ausführung nicht den unmittelbaren Halt
an dem Bewußtsein: es ist mir befohlen! — sondern ihm
gilt dabei das Wort: wer einen Turm bauen will, über-
schlage die Kosten, ob er es habe hinauszuführen. Aber

diese Schwierigkeit kommt ja ein mehr unmittelbarer Mensch, der Begeisterung hat, hinweg. Wenn ihm ein Wort Gottes in die Seele fällt, so übersieht er die eigne Entscheidung, er nimmt ein unmittelbares Verhältnis zu Gott an. Dann kommt die Schwierigkeit nach, wenn er diesen Glauben dann festhalten soll und die Anfechtung wird ihm wohl nicht ge-spart. Bei dem reflektierteren Menschen kommt die Anfech-tung vorher. Denn Überschlag machen ist ja nicht Berech-nung der eignen Kräfte und der Verhältnisse — das giebt politisches Handeln, aber kein Handeln aus dem Gottes-verhältnis. Und dagegen, was der Mensch im Glauben zu Gott vermag, dafür ist die Verheißung unbegrenzt. Aber ob der eigne Glaube ausdauernd und „ohne Zweifel" ist, ob man so, wie man ist, sich Gott gleichsam aufnötigen dürfe, ob es nicht Anmaßung und Vermessenheit ist!

Kierkegaard hat viel darüber erlitten, daß er ohne wei-teres das Neue Testament zum Führer nehmen wollte, und die Verantwortlichkeit, die sich dabei auf ihn legte, und die Anfechtungen, die daraus erwuchsen, als einen Mangel an Glauben ansehen wollte. Bei ihm konnte ja keine Möglich-keit sein, ein Kind zu bleiben, er war es ja nie gewesen, er mußte ein Mann werden auch im Christentum und durch die Anfechtung hindurch. Er verstand es auch um so tiefer, daß Gott eben dem Wagen, dem Freiwilligen Raum läßt. Es soll klar sein, daß der Mensch wagt im Vertrauen zu Gott, daß er ihn führen und tragen wird. Deshalb entzieht sich Gott einem Kontraktsverhältnis. Wenn es gewagt ist, dann kommt die Gewißheit, die Bekräftigung im inwendigen Menschen, aber vorher ist es Unruhe und Bangen, was ja selbst ein Apostel in seiner außerordentlichen Stellung erfährt. In jedem matten Augenblick erscheint es dem Wahrheitszeugen selbst als Anmaßung und als Härte, daß er sich weiter wagt, als die andern, von denen er es ja auch beständig zu hören bekommt.

Diese Anfechtungen wurden nun bei Kierkegaard sehr verschärft durch seine Sympathie zu den Menschen. Sie gab dem so starken Nachdruck, was er von ihnen hörte, und daß er liebevoll auf ihre Weise sah, das regte in ihm selbst das allgemein menschliche Begehren immer wieder auf, daß sich der Streit mit Fleisch und Blut erneuerte. Von dem Idealen ergriffen werden und es greifen im Entschluß, das ist ja nicht das Schwere, sondern den Entschluß durchführen im täglichen Leben, Jahr um Jahr, während es von allen für eine Sonderbarkeit, für einen Mangel an Ernst angesehen wird, wenn er darüber zu nichts kommt, von all seinen Anstrengungen nichts hat. Dazu hatte er den schweren Druck des körperlichen Leidens, und als nun auch besonders von 1848 an die Sorge um das Auskommen durch Geldverluste sich auf ihn legte, da drangen die allgemein üblichen Gedanken sehr auf ihn ein. Es schien ihm doch Gottes Wille zu sein, daß auch er einmal seines Lebens froh würde, und daß er von seinem Erlöser, der von aller Gebundenheit frei machen kann, auch gläubig die Befreiung von dem Pfahl im Fleisch nehmen dürfe, der ihn wesentlich gehindert hatte in das Gemeinschaftsleben einzugehen. Es schien ihm seine bisherige Weise, Gott die Zukunft zu überlassen, zu kindlich, er meinte, er sei nun genug entwickelt, um für sich selbst zu sorgen. Da wollte er sein Leben so wenden, daß es in alttestamentlichem Stil verlief; einige Jahre Leiden und dann Freude und Segen in diesem Leben. Er hätte dann wohl auch Stern und Sammet getragen. Er fühlte aber dabei, daß dann der Anfang als Überspanntheil erschiene und die Fortsetzung als wahrer Ernst, und daß es ihm deshalb versagt sei; er müsse um der Treue willen den begonnenen Weg weiterführen.

Nur einmal, als die Anfechtung vor Herausgabe der Krankheit zum Tode und der Einübung ihre größte Höhe erreichte, ward ihm in einer gewissen außerordentlichen Weise geholfen, wie im nächsten Abschnitt erzählt werden mag, aber doch im Grunde auch nicht anders, als daß er zu schneller Entscheidung gedrängt wurde, als seine Kräfte vergingen.

Will man sich eine Vorstellung von diesen Anfechtungen und von der Ängstigung durch die Sympathie machen, so muß man hinzudenken, daß seine großen körperlichen Leiden die Unruhe der Seele steigerten. Sie ließen ihn überdies sich oft so schwach und untüchtig fühlen, sich selbst des Trostes und der Milde so bedürftig, und er soll andere durch Strenge aufschrecken! Wie viel lieber möchte er dann nur von der Gnade reden, zu der er selbst seine Zuflucht nahm. Der Tod ist ihm in seiner Hinfälligkeit so nahe — aber wenn er nun käme, und er hätte seine Aufgabe verzögert, daß sie durch seine Schuld unvollendet blieb! Er glaubt, daß schließlich eine Katastrophe nötig ist, und er sieht klar, wie sie herbeizuführen ist, er hat auch die Geistesstärke sie durchzuführen — aber darf er die Hoffnung aufgeben, daß es auf mildere Weise durchgeführt werden kann, ist er der Mann,

7 *

der die andern in eine Blutschuld treiben darf. Muß er nicht dazu einen ausdrücklichen Befehl haben?

Rückwärts sieht er immer wieder mit verwunderter Anbetung, wie er in dem allen so sicher geführt ist, da hat er das Zeugnis Gottes für den zurückgelegten Weg, aber jeden neuen Schritt thut er um so mehr mit Bangen, im Gefühl gesteigerter Verantwortung, daß er nun nicht noch verderbe, was ihm verliehen ist und wofür er nicht genug danken kann.

In den Tagebüchern kann der Gang oftmals schwankend und unsicher erscheinen, weil sie all diese streitenden Gedanken wiedergeben, und doch, wenn man auf den Weg sieht, der unter diesen sich kreuzenden Erwägungen zurückgelegt ist, so ist er so gerade und fest durchgeführt, als ein rechter Heldengang. Fehlten bei Kierkegaard diese Ängstigungen und Anfechtungen, ging er mit leichtem Herzen seine Bahn, so fehlte ihm diese charakteristische Größe. Denn menschliche Größe ist es nicht ohne Versuchungen und Anfechtungen sein, die aus der Liebe zu den Menschen kommen, sondern sie zu überwinden und durch sie hindurchzudringen, um Gott die Treue zu halten, und darin die Liebe zu den Menschen zu bewahren.

Und nachdem er rücksichtslos bis zum Äußersten seinem Herrn die Treue gehalten, da gab er nach all den bitteren Erfahrungen auf dem Sterbebett noch seiner Liebe zu den Menschen Ausdruck, indem er zu Boesen sagte: „Grüße alle Menschen, ich habe so viel von ihnen allesamt gehalten!"

— —

# 4.

**Du warst wie jene Klinge, die Kaiser Ludwig bog,**
**Gebogen bis zum Griffe, doch fest und streitbar noch**
**Vor deinem Gott gebogen, im Kampf ein scharfes Schwert,**
**Doch so gerad und ehrlich, daß auch der Feind dich ehrt.**

Die Stellung des Menschen zu Gott, sein Gottesverhältnis, ist wohl, wenn es aufrichtig und ernstlich ist, wesentlich dasselbe, wie verschieden auch die Aufgabe und die
Ausrüstung sein mag. Darin Kierkegaards Größe aufzu-
zeigen, davon kann ja nicht die Rede sein. Da ist allemal
Gott allein groß, der sich mit dem Menschen einläßt und
selbst ihn hält und führt, so daß er darin bestehen kann;
da gilt immer: an mir und meinem Leben ist nichts auf
dieser Erd, — was Christus mir gegeben, das ist der Liebe
wert. Und wenn der Mensch sich so beugt, und Gott die
Ehre giebt, so ist das eben Aufrichtigkeit, nicht eine besondere Größe.

Eine ausführlichere Darlegung von Kierkegaards Gottesverhältnis will ich nicht versuchen, aber einzelne Punkte des-
selben zur Ergänzung des früher Gesagten zusammenfassen.

Kierkegaards Gottesverhältnis war, wie gesagt, reflektiert, und dadurch unvergleichlich anstrengender als ein unmittelbares, ein naives Gottesverhältnis. Aber auch ebenso-
viel vollkommener. Denn so erst gründet sich die Persönlich-

keit gläubig in Gott, indem sie sich selbst durchsichtig wird, und sich selbst in Gott versteht.

Es ist damit aber nicht gesagt, daß Kierkegaard immer nur hinterher verstanden habe, daß Gott ihm half und ihn führte, wie wenn das Gewissen nur nach der That spricht, aber vorher sich nicht bezeugt. Nein, er hat auch die Einwirkung und Leitung Gottes erfahren, die ihn zurechtwies und ihn verstehen ließ, was er thun und was er lassen sollte, wie alle Menschen es erfahren oder doch erfahren können. Diese Winke sind bei ihm eben auch seiner gegebenen Eigenart angepaßt; und ihm ist es freilich klarer, als vielleicht den meisten, daß solche Winke doppeldeutig sind, daß eine Schwierigkeit z. B. nicht ohne weiteres bedeutet, daß man die Sache lassen soll, sondern auch fragen kann, ob man willig ist durchzudringen; daß eine winkende Möglichkeit auch fragen kann, ob man selbstlos genug ist, doch auszuhalten an seinem Platze.

Seiner natürlichen Mitgift entsprechend wurde Kierkegaard wesentlich in seinem körperlichen Leiden mit der daran hängenden Schwermut gelenkt. Auf diese wunde Stelle drückt Gott gleichsam, bis er die beabsichtigte Richtung einschlägt. So griff Gott leukend und zügelnd in sein Arbeiten ein. Es war ihm eine außerordentliche Produktionskraft verliehen; die Ideen strömen ihm zu und willig bietet sich für die Ideen der Ausdruck — aber damit kommt auch eine Unruhe, die Gedanken und den Ausdruck festzuhalten, der Eifer, unabgebrochen dem Strome zu folgen. Da lernte er durch das körperliche Leiden die Gelassenheit, die Grenzen seiner Kraft inne zu halten und sein Werk wie eine Pflicht-

arbeit zu thun, zu der bestimmte Stunden angewiesen sind;
da lernte er, daß ihm auch zugeteilt wurde, wie bald und
in welchem Maße er das Gegebene mitteilen sollte. Die
Erfahrung ging auch noch weiter. Auf seinen Spaziergängen,
die er als nötige Erholung regelmäßig that, arbeitete sein
Geist auch, die Gedanken ordneten sich bis auf jedes Wort
zur Niederschrift fertig. Fast überwältigt von der Fülle
wendete er sich dann heim, wie einer, der einen hohen Auf-
bau trägt, und alle Aufmerksamkeit braucht, damit kein Teil
aus der Lage kommt. Wenn ihn da ein armer Mensch an-
redete, und er in seinem Eifer für die Ideen nicht Zeit
hatte, mit ihm zu sprechen, dann gerade geschah es ihm, daß
alles wie weggeweht war, wenn er nach Hause kam, und vor
der Leere ergriff ihn ängstigend der Gedanke: wenn Gott
nun dir auch so begegnet, wie du dem armen Menschen,
und sich nun auch nicht mit dir einlassen will. Nahm er
sich dagegen Zeit, den Menschen ruhig anzuhören, so hatte
er alles fix und fertig, wenn er heimkam. Daran verstand
er immer lebendiger, daß seine Gaben jeden Augenblick von
ihm genommen werden konnten, und er sich mit seiner Aufgabe nicht wichtig werden durfte. Und ebenso versteht er
immer lebendiger mit innerlichster Dankbarkeit, daß all das
Außerordentliche ihm gegeben ist. Geraume Zeiten, während er seine mächtigsten Bücher schrieb, klingt es durch alle
seine Aufzeichnungen, daß er Gott nicht genug danken kann
für das, was ihm zu verstehen gegeben ist.

Durch den Druck auf sein Befinden wird er bald zurück-
gehalten von einem Plan, den er gefaßt hatte, bald auch
zum Handeln angetrieben, wo er zögern wollte.

Bezeichnend dafür ist eine Aufzeichnung aus dem Jahr
1851. „Sonntag den 18. Mai predigte ich in der Citadelle.
Es war mein erster, mein lieber Text Jak. 1, 17—22.
Auch, ich gestehe es, mit dem Gedanken an „sie", falls es
sie freuen wollte mich zu hören.

Ich litt sehr viel im voraus von aller möglichen Anstrengung, wie immer, wenn ich meine leibliche Persönlichkeit
brauchen soll.

Ich hielt sie. Es ging recht erträglich, aber ich sprach
doch so schwach, daß man darüber klagte, man habe nicht
verstehen können.

Als ich nach Hause ging, befand ich mich sogar wohl,
animiert. Mein Gedanke war gewesen, im Lauf des Som-
mers einige solche Predigten zu halten, natürlich nach Aus-
arbeitung.

Nun wurde mir inzwischen klar, daß allzuviel Zeit damit hingeht, und es mich doch zu sehr in Anspruch nimmt.

So kam mir in den Sinn, du kannst ja ex tempore
predigen.

Das traf mich. Ich würde dann das Äußerste gewagt
haben.

Aber was geschieht? Am Montag war ich so ohn-
mächtig und matt, daß es fürchterlich war.

So gingen mehrere Tage hin. Den Gedanken ex tempore zu predigen gab ich gleichwohl nicht auf, und dann
das Christliche existentiell so weit hinaus wie möglich zu
markieren.

Doch ich fühlte, daß es meinem ganzen Wesen entgegen war.

Ich wurde matter und matter. Doch gab ich den Gedanken nicht ganz auf. Inzwischen mußte ich ihn doch für das nächste Mal aufgeben.

Da wurde ich rein krank. Der unglückliche, qualvolle Schmerz, welcher die Grenze meiner Persönlichkeit ist, begann sich fürchterlich zu rühren, etwas, das mir nun in langer, langer Zeit nicht geschehen war.

Ich verstand dies einen Augenblick als eine Strafe, weil ich nicht rasch genug zugegriffen.

Ich wurde elender.

Am Sonntag, dem nächsten nach dem 18. las ich wie gewöhnlich meine Predigt von Mynster, und siehe, die Reihe war an der von dem Pfahl im Fleisch: laß dir an meiner Gnade genügen.

Das traf mich.

Inzwischen wollte ich doch jenen Gedanken nicht aufgeben, meinte sogar mich zwingen zu müssen. Nun wurde die Qual stärker.

So verstand ich es anders: daß ich doch wieder über meine Grenze hinaus gewollt hatte, und ruhe nun darin: laß dir an meiner Gnade genügen. Verinnerlichung ist meine Aufgabe, und viel von einem Dichter bin ich.

Sonntag den 18. hatte ich am Morgen zu Gott gebetet: daß etwas Neues in mir möchte geboren werden (ich weiß selbst nicht, wie das mir einfiel), ferner nötigte sich mir der Gedanke auf: wie Eltern ihre Kinder erziehen und sie zuletzt zur Konfirmation führen, so sei es meine Konfirmation, zu der mich Gott jetzt führe.

Auch dies ist in einer Art geschehen. Es ist etwas

Neues in mir geboren; denn ich verstehe meine Verfasser-
Aufgabe jetzt anders, sie ist jetzt ganz anders eingeweiht
direkt Religiosität auszubreiten. Und die Konfirmation habe
ich auch darauf empfangen."*)

Wie er es hier erfahr, bekam er öfter durch die Predigt
des Sonntags, am meisten durch den Text derselben eine
Antwort auf das, was ihn eben bewegt. So bemerkt er 1850:

„Dies Jahr trifft es sich so, daß der 9. August (Vaters Todestag) ein Freitag ist. Ich ging auch an dem Tage
zum Abendmahl.

Und die Predigt, die ich dann der Reihe nach den Tag
bei Luther las, war verwunderlich genug über das Wort
(Jak. 1) „alle gute und alle vollkommene Gabe kommt von
oben herab."

Den Tag, da ich das Manuskript (der Einübung im
Christentum) in die Druckerei schickte (wobei die Sorge um
die Folgen groß gewesen war), handelte die Predigt, welche
ich der Reihe nach im Luther las, über das Wort des Paulus, daß dieser Zeit Leiden der Herrlichkeit nicht wert sind.

Das trifft doch verwunderlich zu; ich werde auch selbst
wunderlich davon ergriffen, da ich nicht so im voraus daran
denke, welche Predigt der Reihe nach gelesen werden soll.

*) In diesem Schriftwort „alle gute und alle vollkommene Gabe"
war ebenso die Erinnerung an seinen Vater wie die Trauer um seine
unglückliche Liebe eingegangen. Deshalb behandelte auch das erste Heft
der Reden, die er dem Andenken seines Vaters widmete und in Rücksicht
auf seine frühere Verlobte herausgab, diesen Text. Von Sibbern hatte
er auch damals gehört, daß sie die Reden gelesen hatte. Später hörte sie
auch in eigenem Zusammentreffen zugleich mit Kierkegaard eine Predigt
Paullis über dies Wort.

Der 8. September, den ich eigentlich meinen Ver-
lobungstag nenne, ist dies Jahr ein Sonntag, und das
Evangelium ist: Niemand kann zween Herren dienen."

Ähnlich war es, als Kierkegaard abends die kleine
Schrift Mynsters bekommen hatte, in welcher er mit Goldschmidt zusammengestellt wurde, und die Absicht Mynsters
dabei ihn schmerzte. Am andern Tage las er als sein Pen-
sum Psalm 24—28, und 26, 4 und 27, 10 berührte ihn
besonders nachdrücklich.

Wie er von dem Plan in extemporierten Predigten und
dementsprechender Existenzform sein Werk fortzusetzen, durch
den Druck auf sein Befinden abgebracht wurde, so nötigte
ihn dieser Druck andrerseits auch wieder zum Handeln.
Wenn er im Bangen vor den Folgen, vor dem Anstoß, den
die Herausgabe einer Schrift wecken werde, zögert, so ver-
sinkt er in solche Schwermut, daß er nicht aus und ein weiß
und ein Ende machen muß, indem er rasch handelt auf jede
Gefahr hin. Und hat er es dann gethan, dann kehrt Friede
und Gehobenheit bei ihm ein.

Bei einer solchen Gelegenheit ging das Eingreifen des
Herrn einmal auch weiter, bis zu einer Art Einsprache. Es
war im Jahre 1849, bei der für Kierkegaard entscheidensten
Wendung, da die Krankheit zum Tode und die Einübung
fertig lag und es sich um ihre Herausgabe handelte. Obschon
sie in gemilderter Form die Strenge des Christentums gegenüber dem Bestehenden ausdrückten, erwartete Kierkegaard,
daß sie den Bruch herbeiführen und das Ärgernis wecken
würden. Da erhob sich eben der Zweifel, ob er in dem
Grade Christ sei, daß er die Märtyrerbahn betreten dürfe,

und die Sympathie mit den Menschen warf sich ihm noch
dazu entgegen. Er kämpfte lange in sich. Bei Fenelon fand
er das Wort (nach Hiob): wer ist es, der sich wider den
Herrn gesetzt hat, und doch Ruhe haben könnte. Das grub
sich ein. Er betete beständig, daß Gott ihn in jeder Weise
antreiben wolle, wenn er die Bücher herausgeben solle, und
ihn in jeder Weise zurückschrecke. wenn es vermessen sei. Da
siegte zunächst in ihm der Beschluß, die Herausgabe zu unterlassen. Er meinte die Erkenntnis, in die er eingeweiht war,
in esoterischen Mitteilungen verwenden zu können und betete,
daß es ihm mit der Anstellung am Prediger-Seminar glücken
möchte. Er ging zu Madvig und Mynster, um über diese
Anstellung zu sprechen und traf beide nicht zu Hause. Als
er bei dem zweiten Versuch Mynster traf, wurde er gegen
Gewohnheit sehr vornehm abgespeist; Mynster hatte keine
Zeit. Da fühlte er nach der andern Seite hin. Er schrieb
an die Druckerei und erhielt wider Erwarten und Gewohnheit den Bescheid, daß sie zu Diensten stände, wenn sie am
andern Tage das Manuskript erhielte. Da erfuhr Kierkegaard am Abend, daß Etatsrat Olsen, der Vater seiner ehe-
maligen Verlobten gestorben war. Das beunruhigte ihn
sehr. Der Gedanke an „sie", daß er ihr eine Aufrichtung
geben möchte und sie nicht etwa in Mitleidenschaft ziehe,
drang auf ihn ein, und damit erhob sich wieder die Sympathie in ihrer ganzen Stärke. Da hörte er in der Nacht
eine Stimme, die ihm antwortete. Der Eindruck, den er
davon behielt, war Schrecken; er erlebte, was es sagen will:
Gott erschrecke mich! Und durch den Schrecken wirkte die
Einsprache; denn, und das ist bezeichnend für seine Re-

flektiertheil, die Worte selbst waren mehrdeutig. Zwei Worte klangen ihm besonders erschütternd in der Seele nach; das eine: „sieh, nun will er seinen eignen Untergang;" das andere: „was bildet er sich ein." Aber unklar war ihm der Zusammenhang, doppeldeutig die Beziehung. Nüchtern wie er ist, dachte er zunächst, es sei ein Selbstgespräch gewesen, in dem seine Verständigkeit ihm abriet, Vermessenes zu wagen. Doch ergriffen ihn die gehörten Worte ganz anders erschreckend, wie Ankündigung der Ungnade Gottes. Von andern Äußerungen waren ihm aus dem Gespräch in der Erinnerung: „ich könnte ja ein acht Tage warten;" „es geht ja dich gar nichts an, daß Etatsrat Olsen tot ist;" „ist es das, was von mir verlangt wird." Aber von den beiden ersten dieser Worte war er nicht sicher, ob sie in erster oder zweiter Person gesprochen waren, ob es lautete: ich — oder du, mich oder dich; gleich wie er nicht wußte, ob das Wort: „nun will er seinen eignen Untergang" sich darauf bezog, daß er das Manustript zurückhalten oder darauf, daß er es in die Druckerei senden wollte. Er verstand es dann so, daß sein Gedanke gewesen war: ich könnte ja ein acht Tage warten — mit dem Abschicken, dadurch Zeit gewinnen und inzwischen anderes anfangen. Darauf bezog sich dann das Wort: „nun will er seinen eignen Untergang." Vielleicht war dann seine unwillkürliche Gegenfrage: „ist es das, was von mir verlangt wird" — er dachte ja sehr ernstlich an den Märtyrergang; und darauf erfolgte die Abweisung: „was bildet er sich ein." Er vermutet indes, daß er bei jener Frage gemeint habe, ob er nun einer direkten Schritt zur Verständigung mit seiner früheren Ver-

lobten thun solle. — Kurz der Zusammenhang und der
Sinn des Gespräches war ihm ganz dialektisch, und erst allmählich erinnerte er sich an das einzelne. Aber gerade die
Unsicherheit, ob es sein Stolz war, der wider seinen Verstand stritt, oder ob es Gottes Ungnade war, die seinem
Zurückweichen entgegentrat, machte sein Leiden wie das Sterben. Und er verstand es auch als die Absicht Gottes, daß
er sich bis zum Tode verwunden sollte, und so den Schritt
thun. Ermüdet von dieser innern Qual verlor er die Lust
das Leben genießen zu wollen, auch wenn die Bedingungen
geboten würden, und sein Pfahl im Fleisch von ihm genommen würde.

In „Zur Selbstprüfung" schreibt er im Blick auf Luther: „Ein Jahr der Versuchung ausgesetzt sein, ist nichts
gegen eine Stunde der Anfechtung. So sitzt jener einsame
Mensch da; er sitzt, oder, wenn du willst, er geht, vielleicht
die Diele auf und ab, wie der gefangene Löwe im Käfig;
und doch, es ist zum Verwundern, worin er gefangen ist, er
ist von Gott und durch Gott in sich selber gefangen. —
Nun soll das in die Wirklichkeit eingeführt werden, wofür
er in der Anfechtung gelitten hat. Glaubst du, daß er Lust
dazu hat? Wahrlich jeder, der diese Wege jubelnd gegangen
kommt, sei überzeugt, er ist nicht berufen. Es ist keiner
unter den Bernfenen, der nicht am liebsten hätte davon frei
sein wollen; keiner, der nicht für sich gebeten hätte, wie ein
Kind für sich bitten und betteln kann; aber es half nichts,
er muß vorwärts. — So weiß er, indem er nun den Schritt
thut, wird sich das Entsetzen erheben. Wer nicht berufen ist,
dem wird, wenn nun das Entsetzen sich erhebt, so angst, daß

er zurückflieht. Aber der Berufene — o mein Freund, nur
zu gern möchte er zurück, aber indem er sich schon umgedreht
hat um zu fliehen, sieht er den noch größeren Schrecken, der
hinter ihm ist — den Schrecken der Anfechtung; er muß
vorwärts — so geht er denn vorwärts; er ist nun ganz
ruhig, denn der Schrecken der Anfechtung ist ein furchtbarer
Zuchtmeister, der wohl Mut geben kann. Alles, was ganz
der Wirklichkeit angehört, waffnet sich gegen diesen Mann
der Anfechtungen, dem man doch nicht bange machen kann,
und wunderbar genug, gerade weil ihm so bange ist — vor
Gott!"

Solche Erfahrung machte er hauptsächlich bei jenem Gespräch. Sonst gilt von seinem Gottesverhältnis, daß es
seine Stärke im Taufen hat, da er rückwärts, wie es von
Moses gesagt ist, Gottes Herrlichkeit schaut und voll Anbetung ist.

Die erste religiöse Rede, die er drucken ließ (am Schluß
von Entweder-Oder), hatte das Thema: vor Gott haben wir
allzeit unrecht. Dies Wort und seinen „lieben Text" aus
Jakobus, daß lauter gute und vollkommene Gabe von Gott
kommt, führt er in seinem Leben so durch, daß er nicht eher
ruht, als bis er Gottes Gedanken so versteht, daß er ihm
recht geben kann, und einsieht, daß ihm gut war und zum
Besten diente, was menschlich angesehen sehr strenge und harte
Wege waren.

Wohl sieht er lebenslang wehmütig auf seine Kindheit,
wie unglücklich ihn die unsinnig strenge Erziehung im Christentum machte, aber daß ihm gerade dadurch geholfen wurde,
mehr zu verstehen und weiter zu kommen, gesteht er immer

gern und dankbar Gott zu. War schon die Liebe zu seinem Vater erfinderisch und stark genug, um in all seinen Jugenderinnerungen fußen zu können, so bringt erst recht die Liebe zu seinem Gott hindurch. Und so bei allem, was er als Druck und Leid empfindet.

Sein körperliches Leiden liegt schwer auf ihm, er hat große Qualen davon, es bindet ihn auch in so empfindliche Abhängigkeit von Äußerlichkeiten. Eine ungünstig gelegene, der Sonne stark ausgesetzte Wohnung macht es ihm fast unmöglich zu arbeiten. Dabei greift sein Leiden so direkt in das Seelische ein, daß es ein fruchtbarer Boden für anfechtende Gedanken ist. Fort und fort fühlt er die Lähmung durch sein Leiden, das in den letzten Wochen seines Lebens auch geradezu Lähmung wurde — doch versteht er es als eine Förderung auch in seiner Aufgabe.*) Er sagt davon:

„Zuweilen, wenn ich an meine Leiden denke, ist es mir, als sagte die Vorsehung zu mir: „lieber, kleiner Freund, ich will nun einmal gerade diese Darstellung des Christentums brauchen. Ohne Leiden läßt sich das nicht thun. Einen brauche ich dazu. So habe ich dich genommen. Zwingen kann ich dich leicht. Aber ich will lieber, daß du dich geduldig darein findest — bedenke, daß die Trübsal, die zeitlich und leicht ist — — —.“ Und so versöhne ich mich ganz damit. Je wahrer die Darstellung des Religiösen ist, um so mehr dient sie zu Gottes Ehre; aber wenn die Leiden zu wahrerer Darstellung der Wahrheit helfen, so dienen ja die Leiden zu Gottes Ehre.“ Oder:

---

*) Nach den Mitteilungen seiner Nichte führte K. sein Leiden auf den schweren Fall von einem Baume in der Kindheit zurück.

„Zuweilen ist es mir in einem mißmutigen Augenblick
eingefallen, daß Christus nicht im Leiden der Krankheit versucht wurde, wenigstens nicht in diesem peinlichsten, wo das
Seelische und das Körperliche einander dialektisch berühren
— also war in dieser Hinsicht das Leben des Vorbildes
leichter. Aber dann sage ich zu mir selbst: glaubst du denn,
wenn du ganz gesund wärest, würdest du leicht oder leichter
die Vollkommenheit erreichen? O gerade im Gegenteil; du
würdest dich so leicht deinen Leidenschaften hingeben, wenn
nicht anderen, so deinem Stolz, einem gesteigerten Selbst-
gefühl u. dergl. So sind die Leiden — ob auch eine Last
— eine gewinnbringende Last, wie die Schienen, welche in
einem orthopädischen Institut gebraucht werden. — Überhaupt
ganz leiblich und physisch gesund ein wahres Geistesleben
führen, das kann kein Mensch. Dann läuft gleich das unmittelbare Wohlbefinden mit ihm davon. Geistesleben ist
in gewissem Sinn ein Absterben von dem Unmittelbaren.
Sieh, deshalb sind Leiden eine Hilfe. Wenn man jeden
Tag leidet, wenn man so gebrechlich ist, daß der Gedanke
an den Tod ganz einfach gleich bei der Hand ist, so glückt
es einem doch etwas damit, sich beständig bewußt zu sein,
daß man Gottes bedarf.

Leibliche Gesundheit, unmittelbares Wohlbefinden ist
eine weit größere Gefahr als Reichtum, Macht und Ansehn.

Es sieht freilich täuschend aus, als wäre es doch eine
Hilfe, leiblich, unmittelbar stark zu sein. Aber ist man es,
so ist es eine fast übermenschliche Aufgabe als Geist zu
leben. Dazu gehört ein Gottesbewußtsein, wie es im Gottmenschen war. Sonst täuscht ein Mensch so leicht sich selbst

und verwechfelt das unmittelbare Wohlbefinden mit — Geistesleben. Das leibliche Leiden, der gebrechliche Körper ist ein
nützliches memento." Und ein andermal:
„In jedem Fall waren die Leiden eine Unterstützung,
wie Kork bei dem Schwimmen.

Einen starken Körper haben und dann allein durch den
Geist festhalten sollen, daß z. B. der Tod in jedem Augen-
blick nahe ist: ja, gute Nacht, das wird gewöhnlich nur
Predigt-Geschwätz.

Aber wenn man so schwach ist wie ich, dann fällt es
nicht schwer. Jeder Tag, den ich lebe, ist mir ein Anlaß
zur Verwunderung, daß ich so ein Kind des Todes bin —
und daß ich doch lebe! Ja mein Dasein ist wie eine Satire
über das Menschsein.

Aber deshalb hat auch meine Darstellung Wahrheit.
Sie ist den Menschen eigentlich nur allzu wahr; sie sind
nämlich allzu sinnlich stark, um sich mit solchem einlassen zu
dürfen."

Mit der Behandlung, die er von seinen Zeitgenossen
erlitt, machte er es, wie schon gesagt, ebenso. Die täglichen
Erfahrungen auf der Straße, wo man u. a. die Kinder
hinter ihm herschickte zu fragen, wie spät es sei, ließen ihn
sich so recht in einer Kleinstadt fühlen, und noch mehr die
kleinliche Mißgunst, die in mißglückter Selbstbehauptung seine
Überlegenheit für Überspanntheit ansrief. · So gab schon bei
Entweder-Oder Heiberg die Parole aus: das Buch wäre so
groß, daß es der Verfasser könne für Geld sehen lassen; er
würde dann eben so viel Geld einnehmen, als wenn er es
für Geld lesen lasse. Man amüsierte sich darüber, daß einer

bedeutende Werke auf eigne Kosten drucken ließ, und es fand
sich auch wirklich keiner, der mit Besprechungen unterstützte.
Auf einem größeren Schauplatz, in einem ausgedehnteren
Sprachgebiet wäre das kaum geschehen. Kierkegaard blieb
dabei, wie z. B. in den Stadien zu lesen ist, doch seines
Vaterlandes und seiner Muttersprache froh, und wenn er
durch die Kleinheit der Verhältnisse litt, versteht er es doch
so, daß ihm dieser enge Schauplatz gut war. Immer wenn
er sich bewußt wird, weiter gekommen zu sein als dieser oder
jener, da sieht er sich auch sofort um, wodurch ihm das
gegeben ist. Und wenn er z. B. ganz anders als Vinet
seine Persönlichkeit eingesetzt und seine Sache anders rein
durchgeführt hat ohne menschliche Unterstützung zu suchen, da
schreibt er das gerade den engen Verhältnissen zu, die ihm
dazu halfen; denn Vinet schrieb doch für das ganze französische Sprachgebiet.

Nicht minder rechnet er auch, gleichsam zur Entschuldigung der andern, den Vorteil hoch an, den er damit voraus
hatte, daß er nicht für sein Auskommen zu arbeiten brauchte.
Bei dieser Gelegenheit will ich bemerken, daß ihm sein Vater
etwa 50 000 Mk. hinterließ. Daß er das Vermögen einfach
aufgezehrt habe, ist nicht richtig. Er hatte es in Papieren
angelegt, an denen er, wie es scheint, 1848 erheblich verlor.
Da er nun von 1843 an Bücher auf eigne Rechnung
herausgab, deren Herstellungskosten fast jährlich die Zinsen
erreichten oder überstiegen, und erst im Lauf von Jahren die
Auslagen allmählich wieder eingingen, so mußte natürlich
das Kapital angegriffen und allmählich aufgezehrt werden.
Es reichte eben bis zu seinem Tode; auch in dieser Be-

8*

ziehung schlug alles ein. — Und wenn nun betont wird, daß
er Vermögen hatte, so muß auch betont werden, daß er es
ebenfalls seiner Sache geopfert hat.

Bei dem, was Kierkegaard erleidet, giebt er Gott recht,
bei dem, was er gewann, giebt er Gott die Ehre, und weiß
ihm in allem zu danken. — So thut wohl jeder religiöse
Mensch, nur daß nicht jeder so vollständig alles, was ihn
betrifft, in sein Gottesverhältniß aufnimmt, und so klar auf
Gott bezieht.

Im Vergleich mit den Bekenntnissen anderer von Augustin an, sind Kierkegaards Tagebücher allerdings arm an
ausgeführten Schuldbekenntnissen, doch meine ich, daß er
gerade darin überragt. Er braucht hauptsächlich nur einen
Ausdruck, er sagt: ich bin mir selbst ein Pönitierender!
Gerade diese Kürze und Unbestimmtheit ist so stark, weil sie
jedem die Freiheit läßt, alles mögliche zu denken. In einer
bestimmten Situation kann man es wohl am leichtesten sehen.
Als Kierkegaard Rasmus Nielsen, wie nachher zu erwähnen
ist, näheren Anschluß gewährte, um ihn in seine Sache einzuweihen, sagte er ihm mit dem Nachdruck, den er in ein
Wort legen konnte: ich bin ein Pönitierender. Er that es,
um alle Bewunderung für seine Persönlichkeit zu unterbinden
und diese gleichsam neben der Sache in den Schatten zu
stellen. Man denke sich, Kierkegaard hätte im einzelnen auf-
gezählt, was er bereute. Da von Verbrechen, auch von
keinen besonderen Thatsünden die Rede sein konnte, hätte
wohl die Beichte etwas Komisches gehabt, wenn auch in anderer Weise als Luthers Beichte für Staupitz, der ja meinte,
Luther beichte Puppensünden. Es wäre doch gewesen, als

wollte Kierkegaard ausdrücken, daß er seine Verschuldungen
besonders ernstlich nehme, wenn er mit solchen Bekenntnissen
die Verständigung einleitete. Aber dies Wort: Ich bin ein
Pönitierender berührt so ernst und schneidet alles Vergleichen
ab. Mir ist nicht bekannt, ob Rasmus Nielsen sich darüber
geäußert hat, aber wunderlich wird ihm zu Mute gewesen
sein, als er dies Wort zu hören bekam, da er, der etwas
ältere Mann, in Würden und Ehren, hingerissen, in gewissem Sinn geblendet von Kierkegaards überlegenem Geist
Anschluß suchte. Es ist eben der absolute Ausdruck des
Schuldigseins, wie es Kierkegaard vor Gott fühlte, wo alles
Abwägen und Vergleichen mit der Schuld anderer für ihn
gar nicht da war. Sollte einem, der an ausführlichere
Sündenbekenntnisse gewöhnt ist, die Kürze des Ausdrucks
mißfallen, so kann ich ja hinzufügen, daß ihn Kierkegaard
keineswegs kurzer Hand gewählt hatte. Er hat unbeschreiblich
viel darüber nachgedacht, wie er ein Bekenntnis ablegen
sollte. Er fragte: „Hat Gott nicht das Recht zu fordern,
daß man sich selbst der Strafe aussetzt, welche folgt, wenn
die Sünde offenbar wird, auch wenn keine bürgerliche Strafe
auf diese Sünden gesetzt ist?" Von Sünden, bei welchen ein
schwerer Bruch der bürgerlichen Ordnung zu sühnen ist, ur-
teilt man ja so, aber ist ein so wesentlicher Unterschied zwischen Sünden und Sünden? Aber gerade auch in solchen
Erwägungen fühlt sich Kierkegaard inmitten der Christenheit
so vereinsamt, so fremd, er meint, er würde für närrisch angesehen, wenn er diese Frage im Ernst zur Sprache brächte.
Doch beschäftigt sie ihn mit großer Macht, wie alles, was
sein Verhältnis zu Gott angeht. Daß die Kirche das Ver-

borgene nicht richtet (de occultis non judicat ecclesia), ist
ja doch keine Entscheidung, sondern ist nur ein neuer Ausdruck dafür, daß der einzelne sich selbst raten muß. — Darf
er seine Schuld verschweigen und dadurch seine Wirksamkeit
vielleicht unterstützen? Aber will Gott die Schuld offenbar
haben, so kann er es ja leicht thun. Zunächst ist es doch
eine Sache zwischen Gott und dem Menschen allein. Ist es
da nicht das rechte, nur jede kluge, vorbeugende Maßregel
zu unterlassen und es Gott anheim zu geben, ob er die
Schuld im geheimen oder offenen gegen einen brauchen will,
damit es nicht ein Versuchen Gottes werde. Aus solchen
Erwägungen hat er jenen Ausdruck gewählt, der in aller
Unbestimmtheit so bestimmt sein Verhältnis zu Gott und
seine Selbstwertung ausdrückt, dabei so nachdrücklich abwehrt,
daß er zu hoch gehalten werde.

Für ihn selbst liegt darin, daß von Verdienstlichem nicht
die Rede sein kann, nicht im Thun und nicht im Leiden; es
ist alles seine Schuldigkeit. So redet er demütig vor Gott,
während er sich wohl bewußt ist, welches Recht er den Menschen gegenüber hat. Aber ebenso hat er in jenem Bewußtsein auch wieder den Ausgleich mit den andern Menschen,
die leichter geführt werden. Er meint, wissen sie sich nicht
so schuldig, so braucht auch nicht so viel von ihnen. geforbert
zu werden.

Zu diesem Beugen vor Gott gehört auch, daß er so
oft und lange von sich sagt, er sei fast nur ein Dichter des
Christlichen, nicht ein Wahrheitszeuge, bei dem das Leben
selbst noch stärker zeugt als das Wort. Deshalb sagt er
auch, er dürfe sich nicht einen Christen nennen, er sei noch

weit von der Vollkommenheit des Christen entfernt. Man hat daraus geschlossen, es müsse doch mit seinem Glauben bedenklich gestanden haben, da er das nicht wagen wollte, was man selbst ganz unbedenklich von sich sagt. Man vergißt dabei, daß Kierkegaard deutlicher wie andere verstand, was der Herr an seinen Nachfolgern sucht, gleichwie man vergißt, daß selbst der Apostel sagt: nicht, daß Ich es ergriffen hätte oder schon vollkommen sei.

In der Rede über das Wort: Der Herr hats gegeben, der Herr hats genommen, der Name des Herrn sei gelobt — hebt Kierkegaard hervor, daß Hiob hurtig war zwischen Gott und sich zu richten, und den Streit so zu entscheiden, daß jeder Anspruch abgewiesen wird, der von dem Herrn fordern wollte, was er nicht geben will, oder festzuhalten begehrt, was er nehmen will. So that er selbst; so bringt er jeden sich erhebenden Streit der Gedanken gegen Gott zum Schweigen mit dem klaren, bestimmten Urteil, daß auf Gottes Seite das Recht und die Größe und die Ehre ist, also auf seiner Seite die Anbetung und die Dankbarkeit ist.

In dem vorigen Abschnitt war davon die Rede, daß ihm das Christentum so streng, so verstörend für das ruhige, glückliche Leben erschien, daß es ihn ängstete, davon reden zu sollen. So war es, wenn seine Sympathie mit den Menschen das Wort führte. Aber er ist nicht langsam dem Christentum seine Ehre zu geben. Er sagt z. B. „Gewiß ist, menschlich gesprochen, etwas Grausames in dem, was von den Christen gefordert wird — doch nein, nicht in dem, was von ihnen gefordert wird, sondern in dem, was ihnen widerfährt; denn dies liegt nicht im Christentum, das liegt teils darin, daß sie selbst Sünder sind, teils darin, daß die Welt, in der sie leben, sündig ist. Das Christentum fordert bloß, daß sie die Menschen von ganzem Herzen lieben sollen; es kann nicht dafür, daß dies mit Verfolgung gelohnt wird. Aber antworte dir selbst aufrichtig auf die Frage: könntest du wünschen, daß das Christentum nicht so viel, nicht so absolut forderte, daß es herunterließe — und dir damit etwas bessere Tage schaffte; könntest du es dann so hoch lieben?" Und ebenso bezeugt er ihnen immer, daß in der Liebe alles, alles kann vergessen sein, und daß man sich von all der Liebe so bewegt und so selig fühlt, daß das Absterben eine Liebesfreude werden kann. Die Nachfolge ist trotz all ihres Schmerzes doch eine Liebessache und darum auch selig.

Das Ungewöhnlichste in Kierkegaards Gottesverhältnis ist wohl die Klarheit, mit der er die Umkehrungen und Verschiebungen zurechtstellt, die der Gebetssprache herkömmlicherweise eigen sind, weil sie uns Menschen eben natürlich sind — jene unwillkürlichen Umdichtungen, in denen wir reden als gelte es Gott zu bewegen und umzustimmen, daß er barmherzig werde, oder voll Eifer für seine Sache und sein Reich. So sagt er:

„O wie verschlagen ist doch das Menschenherz, meines wie wohl auch der andern.

Ein Redner tritt auf und — so sind wir ja gewöhnt, daß geredet wird, und ich rede auch so — betet: Herr Jesu zieh mich ganz zu dir.

Gott im Himmel! Daß bei dem, der ein ganzes Leben hindurch alle Seelenqual und zuletzt den schmählichen Tod erleiden wollte, um jeden Menschen zu retten, daß auf seiner

Seite etwas im Wege wäre, und er mich nicht mit größter
Freude ganz zu sich ziehen wollte — das heißt ihn doch
eines fast wahnwitzigen Selbstwiderspruches beschuldigen.

Aber dann rede ich ja verkehrt? O ja gewiß und darin
liegt der Trug. Ich habe eine Vorstellung davon, daß das
Absterben von der Welt so schmerzlich ist, daß ich mich
krümme. Anstatt nun anklagend zu sagen: Herr Jesus
Christus vergieb mir, daß ich noch so weit zurück bin —
statt dessen schwatze ich verkehrt, und stelle mich, als wäre
ich wohl willig genug, aber die Schwierigkeit läge wo anders, vermutlich darin, daß Christus in seiner seligen Erhabenheit nicht Zeit oder Gelegenheit hat mir zu helfen.

„Reiß mich von allem, was mich zurückhalten will."
Aber du mein Herr und Gott, was ist es denn, was mich
zurückhalten will? Ich bin es ja gerade selbst. Wenn ich
nicht mit dem, was mich zurückhält, unter der Decke spielte
und versteckt zusammenhielte: dann wäre es eo ipso gegeben,
daß Christus mich ganz zu sich zöge; denn er thut nichts
anderes, als daß er jeden Menschen ganz zu sich ziehen will.

Meine Bitte wird so fast ein Vorwurf gegen Christus;
denn wahrlich, ist es in Wahrheit so, daß ich unbedingt
willig bin, aber etwas anderes mich gegen meinen Willen
zurückhält, so zeigt ja Christus sich nicht als Erlöser.

O, aber so ist das trugvolle menschliche Herz; wir
kommen höchstens bis zum Wünschen; und wenn dann der
Wunsch recht brennend ausgedrückt wird, meinen wir außerordentlich weit zu sein!"

Eins kann bei Kierkegaard zu fehlen scheinen: die Freude
an Gott. Es kann aussehen, als ob das Gefühl der Un-

gleichheit zwischen Gott und Mensch einen beständigen Druck
ausübe, so daß die Freude nicht aufkommen könne. Doch
kommt sie auf. Gerade das so entwickelte Bewußtsein von
der Erhabenheit Gottes macht bei ihm um so tiefer ergrei-
fend und überwältigend das Bewußtsein, von diesem Gott
geführt zu werden und ihn zum Halt und Trost zu haben.
Allerdings ist das Bewußtsein nicht zunächst und nicht durch-
weg das herrschende, denn so entspricht es seiner Aufgabe.
Er soll ja nicht einer beunruhigten Zeit die Freude an der
Gnade bringen, sondern eine in religiöser Beziehung be-
ruhigte und sichere Zeit sehen lassen, daß sie Gnade zu suchen
hat und wie große Gnade sie braucht. Darin wurde er
selbst erzogen und in dieser Spannung erhalten, damit persönliche Wahrheit bei ihm selbst sei, was er andern sagt.
Aber in dem Maße, wie er sein Werk vollendet, überwiegt
das Bewußtsein von der Liebe Gottes und überwiegt allen
Streit und das peinvoll gesteigerte Leiden. Er hatte diesen
Ausgang im Glauben voraus ergriffen, da er zu seiner
Grabschrift den Vers bestimmte:

> Noch eine kleine Zeit,
> So hab ich gewonnen;
> Dann ist der ganze Streit
> Mit eins zerronnen,
> Dann kann ich mich ruhen auf himmlischen Auen
> Und unablässig Jesum schauen.

In seinem letzten Leiden vernahm er es, daß er nun
zu dem Halleluja kam.

## 5.

## Der Einzelne.

An diesem Punkte liegt das Wehmütige in seinem Leben. Daß es den Eindruck eines unglücklichen Lebens macht,
liegt darin, daß seine Liebe zu den Menschen in dem Sinn
unglücklich war, daß er nie und nirgends zu vollem Einverständnis kam. Doch ist es auch gerade Größe.
Wie Kierkegaard dieses Ideal, das er mit nachhaltigster
Betonung geltend machte, in seinem Leben verwirklichte, ist
in dem bisher Ausgeführten schon mitgesagt. Denn dieses
Ideal bedeutet ja, daß der Mensch seinen wesentlichen Halt
nicht im Zusammenhange mit den andern haben soll, auch
nicht so, wie wohl manchmal selbst der Asket, wenn er für
seine isolierten Anstrengungen die Bewunderung der Menschen
brauchte. „Der einzelne" will ja sagen, daß die Rettung
für den Menschen darin liegt, daß er Person wird. Wie
Kierkegaard das ausdrückt: „Wer Persönlichkeit wird, wem
es glückt so weit zu bringen, oder wer so weit kommt, der
ist gewöhnlich gerettet. Und warum? Weil es so hell um
ihn wird, daß er sich nicht vor sich selbst verstecken kann, ja
so hell als wäre er durchsichtig. Und in dem bürgerlichen
Leben meint man ja bereits, daß Gasbeleuchtung am Abend
vielem Bösen vorbeugt, weil ein Licht, das hell ist, das Böse
fortscheucht: und denke nun die Durchleuchtung eine Person-

124

lichkeit zu sein. überall Helligkeit. — Aber der Mensch liebt
natürlich die Dämmerung, das Unpersönliche; wenn es hell
wird, wird es ihm leicht allzufeierlich, besonders wenn nicht
Helligkeit mit Dämmerung und Dunkel wechselt, sondern unabgebrochen es hell ist und mit dem höchsten Grad von
Klarheit."

Daß Kierkegaard eine Persönlichkeit wurde, die sich durchsichtig in Gott gründete, daß er nicht seinen Halt im Zusammenhange mit den andern hatte, nicht von der Stellung
in der Gesellschaft sich nährte, er, der sich im Dienste der
Wahrheit seiner ganzen Zeit entgegenwarf — das ist wohl
offenbar. Einige Mitteilungen will ich aber hier noch daran
anfügen, wie er darauf hielt, sich in seiner Einzelheit zu bewahren, wie er sich hütete sich und seine Sache in der üblichen Weise auf die Stimmung des Publikums oder auf die
Gunst der Mächtigen zu stützen — damit er seine Sache im
Charakter bediene, und seinerseits aus allem Vermögen ab-
wehre, daß sie Geschwätz würde, indem sie in Aufnahme käme
als „etwas Tiefes" und dergleichen, was man bewundert.

Sehr bezeichnend ist die Geschichte mit Friederike Bremer. Die schwedische Schriftstellerin besuchte Kopenhagen,
machte sich mit den hervorragenden Leuten bekannt, um dann
ihre Eindrücke und Urteile drucken zu lassen, und dabei über
das Entgegenkommen und die Beachtung, die sie gefunden,
zu quittieren, wie das so Brauch ist und auch hilft Namen
und Bücher in andere Länder zu bringen. Bei Martensen
las sie die Aushängebogen seiner Dogmatik, die eben im
Druck war, und verfehlte auch nicht, wie sie ihm nachher
schrieb, bei ihrer nordamerikanischen Reise die Vereinigten

Staaten auf Martensen und seine theologische Denkweise aufmerksam zu machen. Sie schrieb auch verbindlich an Kierkegaard und bat ihn sie zu besuchen, da sie nicht zu ihm (dem
unverheirateten) kommen könne. Sie wolle ihm für das
himmlische Manna seiner Schriften danken und über die
Stadien auf dem Lebenswege mit ihm sprechen, die sie sehr
beschäftigten. Sie begehre viel, aber Dänemarks ausgezeich-
nete Männer hätten sie dummdreist gemacht und ihr Grund
gegeben zu glauben, daß man nicht zu viel von ihnen begehren könne und nicht mehr hoffen könne als sie gäben.

Auf ihre zweite Anfrage, ob sie ihn am Himmelfahrts-
tage erwarten könne, antwortete Kierkegaard humoristisch, er
wage noch mehr in Dummdreistigkeit, denn er sage Nein zu
der Einladung, und wage das äußerste in Dummdreistigkeit,
denn er bitte sie seinen aufrichtigen Dank für die Einladung
entgegenzunehmen. Dabei entschuldigte er sich, daß er sie
durch seine Lebensweise in Verlegenheit gebracht habe. Erst
hatte er gedacht, die Ironie hervorzukehren, und einfach zu
antworten: Nein, vielen Dank, ich tanze nicht. In der
Sache war es ja dasselbe, und die Wirkung war wohl auch
dieselbe.

Sie schrieb dann: während Martensen von seinem cen-
tralen Standpunkt aus Licht über den Umkreis des ganzen
Daseins werfe, stehe Kierkegaard als ein Simon Stylites
auf seiner einsamen Säule und blicke unverwandt und durch
ein Mikroskop auf einen einzigen Punkt — das menschliche
Herz, das er unaufhörlich in dem Ewigen, Unveränderlichen
spiegele. Er habe denn auch in dem leichten, frohen Kopenhagen ein nicht geringes Publikum gefunden, besonders von

Frauen (!) — denen ja die Philosophie des Herzens näher liegen müsse. Von dem „Philosophen" selbst erzählte sie noch wunderlichere Dinge. Er lebe unzugänglich und im Grunde von niemand gekannt; zu gewissen Stunden gehe er am Tage in den belebtesten Straßen mitten im Menschengewimmel auf und ab (da verwechselte sie ihn wohl mit dem Buchhalter in den Stadien), nachts strahle seine einsame Wohnung von Licht. Man sage Gutes und Böses und Wunderliches von ihm. Er sei von einer so krankhaften Reizbarkeit, daß ihm selbst die Sonne Mißvergnügen mache, wenn ihre Strahlen in anderer Richtung fallen, als er es wolle? Das war wesentlich alles.

Man kann Fräulein Bremer schwerlich sehr anrechnen, daß sie weiter sagte, was ihr „die ausgezeichneten Männer Kopenhagens" vorgesagt hatten, und wenn es nicht sehr taktvoll war, den Klatsch drucken zu lassen — welcher Schriftsteller hätte wohl nicht ähnlich gehandelt, wenn ihm das Angebot der Gegenseitigkeit ebenso abgelehnt wird. In solchem Fall ist es Kierkegaard nur zum Lächeln, und auch nicht wehmütig, daß man so wenig Verständnis für seine Sache hat, und so wenig Sinn dafür, wie er ihr im Charakter dient. Er weiß gut, wie man zu Anerkennung kommt, und da dankt er dafür. Aber weil er auf diese Art Gemeinschaft nicht eingehen will, wird er als Sonderling angesehen.

Eine andere gewichtigere Gelegenheit, seine Sache menschlich zu unterstützen, bot sich ihm früher anfang 1847 — und gerade, was man dabei im Sinn haben muß, zu der Zeit, wo er viel an eine Aufstellung dachte.

Der König machte ihm Anerbietungen und wünschte ihn

zu sich zu ziehen. Vom Beginn der Gespräche erzählt Kierkegaard: Ich hatte natürlich im Vorzimmer in Furcht und
Bangen gesessen. Einer fragte mich, ob ich mich dreimal
verbeugen würde, wenn ich hineinkäme; ich antwortete: so
etwas könne wohl ein alter Hofmann im voraus entscheiden,
ich wüßte nicht, ob ich auf dem Kopfe oder auf den Beinen
hineinkäme. Als er dann bei dem Hereintreten seinen Namen nannte, und der König sagte: es freut mich besonders,
Sie zu sehen, ich habe so viel Gutes von Ihnen gehört —
ging er so nahe an den König heran, daß dieser einen
Schritt zurücktrat. „Dabei,“ sagte er, „hatte ich mir seine
Augen gesichert und sah gleich, was ich wollte.“ Von dem
Gespräch sagt Kierkegaard: „es war in gewissem Sinn für
mich nicht sehr bedeutungsvoll, denn er wünschte, ich sollte
reden. Aber es war animierend mit ihm zu reden, und ich
habe niemals einen älteren Mann so animiert, so entflammt
gesehen, fast wie ein Weib. Er hatte eine Art Wollust an
Intellektualität und Geist. Daß dies für mich gefährlich
werden konnte, sah ich gleich, und hielt mich vorsichtig so
weit wie möglich von ihm. Christian VIII. war brillant be-
gabt, aber hatte sich eigentlich in seiner großen Klugheit ver-
laufen, der ein entsprechender sittlicher Untergrund mangelte.
Wenn er in einem südlichen Lande gelebt hätte und ich mir
einen listigen Religiösen denke, so wäre Christian VIII. seine
sichere Beute gewesen. Kein Weib würde eigentliche Macht
über ihn gewonnen haben, auch nicht das begabteste, dazu
war er teils zu klug, und teils etwas männlich abergläubisch
darin, daß der Mann klüger sei als die Frau. Aber ein
Jesuit — er konnte ihn um und um drehen; doch mußte der

128

Jesuit das Interessante beherrschen, denn danach lappte er
eigentlich." Auf die Äußerung des Königs, Kierkegaard habe
so viele Ideen, ob er ihm nicht einige überlassen wollte,
antwortete er deshalb: er habe gemeint, daß sein Streben
unter anderm auch jeder Regierung nützlich wäre, aber die
Pointe darin sei gerade, daß er Privatmann sei, da man
sonst gleich eine kleinliche Erklärung unterschiebe; "übrigens,"
fügte er bei, "habe ich die Ehre einer höhern Macht zu
dienen, worauf ich mein Leben eingesetzt habe." Auf den
Wunsch des Königs ihn zu besuchen, antwortete er: "Majestät, ich besuche niemand." "Ja ich weiß aber doch, sagte
der' König, daß Sie nichts dagegen haben, daß ich Sie rufen
lasse." "Ich bin Unterthan, Euer Majestät haben zu be-
fehlen; aber gleiches um gleiches, ich bedinge mir eins."
"Nun, und was ist das?" "Daß ich Erlaubnis bekomme
mit Ihnen allein zu sprechen."

Bei dem zweiten Gespräch erklärte Kierkegaard sein
Fernbleiben, weil er anderes nicht für ziemlich hielt nach den
früheren Bemerkungen, aus seiner Kränklichkeit, die ihm schon
das Warten im Vorzimmer zu einer Anstrengung mache,
worauf der König sagte, er brauche nicht zu warten und in
jedem Falle könne er doch schreiben. Der König brachte das
Gespräch auf Regierungsfragen, und Kierkegaard führte aus,
daß die jetzt bevorstehende Bewegung ein Streit zwischen den
Ständen sein werde, die Probleme der alten Zeit kämen
wieder; der König würde in gewissem Sinn außerhalb stehen,
und die streitenden Parteien würden beständig den Eindruck
suchen, daß sie sich gut mit dem Monarchen stünden. Dazu
sprach er davon, wie man mit der "Menge" streiten müßte,

nämlich so, daß man bloß ganz ruhig steht. Die Menge sei wie ein Weib, mit dem man nie direkt streite, sondern indirekt, ihr helfe, sich festzulaufen, da sie im nächsten Augenblick beständig verlieren werde, weil ihr der Gedanke fehlt. — Nur feststehen! — Bei dem dritten Gespräch sagte er unter anderm, der König habe sich durch seine persönlichen Gaben verführen lassen; ein König hätte darin Ähnlichkeit mit einer Frau, die ihre Talente zurückhalten und nur Hausfrau sein müßte. Er führte dabei humoristisch aus, wie er sich einen König denke. Er könne zunächst gern häßlich sein, dann taub und blind, oder sich wenigstens so stellen, denn das verhindere manche Schwierigkeit; eine dummdreiste, unzeitgemäße Antwort, die eine Art Bedeutung bekomme, wenn sie zu dem Könige gesagt werde, fertige sich am besten mit einem „was beliebt" ab, so daß die Majestät sie nicht gehört habe. Endlich dürfe der König nicht viel sagen, sondern habe am besten eine Redensart, die er bei jeder Gelegenheit sage, die also nichts sage. Kierkegaard sprach es dann auch direkt aus, daß der König durch seine Audienzen, in denen er sich zu persönlich mit Krethi und Plethi einließ, sich selbst schade. Er entferne dadurch besonders die höheren Beamten von sich, die über solchen zufälligen Einfluß von Unbeteiligten ungeduldig würden; er könne doch nicht in der Weise regieren, daß er mit jedem Unterthanen spräche. Er bedenke nicht, daß jeder, mit dem er so gesprochen hatte, hinging und davon schwatzte. — Kierkegaard selbst hatte natürlich, solange der König lebte, zu keinem von diesen Gesprächen geredet. Die Huld des Königs that ihm wohl gerade im Gegensatz zu dem, was ihm sonst begegnete, aber

er blieb sich gleich auch dem König gegenüber; Sokrates
würde ähnlich gesprochen haben.

Das eine Mal fragte der König, ob er nicht Lust zu
einer Anstellung in Sorö haben möchte. Dort hatte der
König den Morgen gefischt. Deshalb antwortete Kierkegaard,
darauf anspielend: die Fischer hätten außer den eigentlichen
Fangschnüren gern eine aparte kleine Schnur, an der sie zuweilen die besten Fische fingen; eine solche aparte kleine
Schnur sei er. Ein andermal fragte ihn der König nach
Schellings Stellung zum preußischen Hofe, und Kierkegaard
antwortete, es gehe Schelling wie dem Rhein an seiner
Mündung — so verblute er sich an seiner Eigenschaft als
königlich preußische Excellenz. — Kierkegaard beschloß nur
noch zum König zu gehen, wenn er ihm ein neues Buch zu
überreichen habe, von denen übrigens der König meinte, sie
seien ihm zu hoch. Das Verhalten des Königs ist doch
wohl ein deutlicher Ausdruck dafür, daß für Kierkegaard die
Möglichkeit nicht fern lag, irdische Anszeichnungen zu tragen,
und wenn er sie nicht begehrte, das nicht wie bei dem Fuchs
in der Fabel war.

Nur eine Ausnahme hatte Kierkegaard gemacht. Während sonst jeder, der eine große, ihm sehr wichtige Sache zu
vertreten hat, Schüler gewinnt, die er tiefer einweiht, machte
Kierkegaard nur einen Versuch in dieser Richtung mit Rasmus Nielsen. Dieser, 1809 geboren und schon seit 1841
Paul Möllers Nachfolger als Professor der Philosophie an
der Kopenhagener Universität, war als Hegelianer über die
scharfen Pfeile Kierkegaards verstimmt gewesen, aber, wie
erwähnt, durch Kierkegaards Werke umgestimmt. Er begann

die Annäherung damit, daß er ihn auf der Straße eines Tages grüßte. Kierkegaard sprach ihn darauf an. Bei den folgenden Begegnungen drückte er in den stärksten Worten aus, daß er die allergrößte Vorstellung von Kierkegaards Sache hatte, und eine Begeisterung dafür, wie sie bei einem entwickelten Mann in den Jahren nicht häufig ist. Da hielt es Kierkegaard religiös für seine Pflicht bei dem nahen Gedanken an seinen Tod diese Möglichkeit nicht zu überspringen, und Nielsen einzuweihen, daß er seine Hinterlassenschaft übernehmen könne. Er ließ ihn einmal zu sich rufen, und dämpfte zunächst die Auffassung seiner Persönlichkeit durch jenes Wort: ich bin ein Pönitierender. Sie verkehrten einige Jahre viel; einen Tag in der Woche gingen sie regelmäßig miteinander spazieren. Nielsen hatte beides, Eifer und Begabung auf Kierkegaards Mitteilungen einzugehen mit einem Verständnis, wie er es bei keinem gefunden. Aber das Verhältnis führte nicht zum Ziel. Im Jahre 1848 machte Kierkegaard eine Probe. Es lag ihm daran, noch einmal auszudrücken, daß er auch als der ästhetische Schriftsteller, also von Anfang an, religiös gewesen war. Wie er deshalb Entweder-Oder mit einem Bändchen Predigten begleitet hatte, so ließ er nun auf rein religiöse Werke einen längeren ästhetischen Artikel über eine Schauspielerin (Frau Heiberg) folgen, um diese Periode seiner Verfasserwirksamkeit abzuschließen und die ursprüngliche Einheitlichkeit derselben abschließend zu betonen. Nielsen war damals gerade auf dem Lande, und weil dadurch die schnelle mündliche Verständigung abgeschnitten war, wurde es eine Probe, wie weit er Kierkegaard verstand. Es war diesem eine Selbstverleug-

132

nung, daß er nun vielleicht bei manchen den Eindruck störte, den sie von ihm als erbaulichem Verfasser hatten, aber am meisten hielt es ihn in anstrengendster Spannung, ob Rasmus Nielsen ihn verstehen würde — gerade weil es ihm lieb war, so weit von ihm verstanden zu sein. Indes er war sich gewiß dies Abwarten der Wahrheit schuldig zu sein, damit Nielsens Verhältnis zu ihm in Selbständigkeit, in eignem freien Verständnis bestehe, das er deshalb nicht bei einem vielleicht befremdlichen Schritt aufgebe, sondern festhalte und aus dem einmal Geglaubten die Erklärung für das Befremdliche suche. Doch schrieb ihm Kierkegaard ein Billet, das zwar keine Erklärung über die Sache gab, aber doch helfen konnte, das Verhältnis zu halten, wenn es durch das Mißverständnis einen Stoß bekommen hatte. Kierkegaard litt viel durch die äußersten Möglichkeiten, die er sah, denn er hatte Nielsen in sein Gottesverhältnis aufgenommen. Nielsen verstand in der That beides nicht, er schrieb, ohne den Artikel zu erwähnen und auf das Billet einzugehen mit einer gewissen Fremdheit. Und Kierkegaard meinte, so dürfte es nicht kommen, wenn er in Wahrheit die — in Kierkegaards Sinn viel zu hohe — Vorstellung von ihm hatte, die er oft änßerte. Daß er vielleicht nie ein wesentlicher Dialektiker würde, zeigte sich, da er dies Problem nicht lösen konnte, aber Kierkegaard vermißte nun auch die religiösen Voraussetzungen, denn bei diesen hätte es ihn nicht stoßen dürfen, sondern wehmütig machen müssen, wenn er einen mächtigen Geist sich selbst untreu werden sah. — Der persönliche Verkehr nahm nach Nielsens Rückkehr übrigens seinen unveränderten Fortgang; die Sache wurde ausgesprochen.

Die Besprechung dieses Verhältnisses kann nicht unterlassen werden, doch möchte ich nicht gern eine ungünstige Beleuchtung auf den voriges Jahr gestorbenen Rasmus Nielsen fallen lassen, der mir, ohne weitere Bekanntschaft, brieflich in der freundlichsten Weise entgegengekommen ist. Wenn es hier zunächst aussieht, als wäre es keine große Sache gewesen, Kierkegaard besser zu verstehen, so brauche ich wohl nur jeden Leser daran zu erinnern, welche Schwierigkeiten er selbst hat, sich mit „Entweder-Oder" und der Berechnung dieses Werkes zu verständigen, auch nachdem er die direkten Mitteilungen Kierkegaards darüber gehört hat. Die meisten, die den religiösen Eindruck von Kierkegaard haben, schütteln doch den Kopf darüber — und gegenüber dem Lebenden, dem Zeitgenossen und Bekannten war natürlich die Lösung des Problems ganz unvergleichlich schwieriger, als plötzlich dieser ästhetische Artikel kam, der Fühlung mit Heiberg zu suchen schien.

Kierkegaard behielt die Überzeugung: wenn er den Märtyrertod erlitte, dann würde Rasmus Nielsen seine Sache aufnehmen und vertreten; auf diesen Fall war ja auch eigentlich das Verhältnis berechnet, und Nielsen sagte auch öfter: wenn Sie tot wären! So aber, da es nicht so bald geschah, daß er starb, wurde die Sache zu schwierig. Kierkegaard selbst vermißte seine Freiheit und Nielsen traf nicht die rechte Weise, da Kierkegaard keine Compagnieschaft wollte, und ohne sich untreu zu werden, auch sich gar nicht so stellen konnte, daß er Nielsen direkt sagte, was er thun solle. Dazu ehrte er viel zu sehr die Selbständigkeit und Freiheit in jedem. So ging es unglücklich.

Im Jahre 1849 veröffentlichte Nielsen ein großes Buch: „Der Evangelienglaube und das moderne Bewußtsein." Es citierte nur eine Zeile aus den „Werken der Liebe" von Kierkegaard, und erwähnte die Kierkegaardschen Schriften nur gelegentlich in einer Anmerkung, aber der Inhalt, auch die Gedankenwendungen waren von Kierkegaard, aus seinen Schriften und aus seinen Gesprächen, selbst Form und Stil war ähnlich dem Kierkegaardschen. Nielsen war eben so erfüllt von Kierkegaard, daß er unwillkürlich seine Ausdrücke und Wenduugen brauchte, auch wo er mit eignen Worten reden wollte. — Das war nun nicht, was Kierkegaard erwartet oder gewünscht hatte. Er meint: „wenn ich sollte sagen, worin mein Unglück als Verfasser gelegen hat, so kann ich es leicht; es liegt darin, daß ich — ach, fast wie ein Sterbender — viel zu angestrengt, viel zu hurtig gearbeitet habe. Diese großen Bücher, diese Masse hat man nicht Zeit ordentlich zu lesen; man hat in ihnen geblättert und ist dann von ihnen fast gelangweilt: „es ist allzuviel." Wenn da einer wäre, der mir uneigennützig zu Hilfe kommen wollte, was mußte er thun? Er mußte in der Erkenntnis, worin das Unglück lag, es als seine Aufgabe betrachten, diese Masse, sozusagen in kleinere Stücke zu hauen, daß man sie in kleineren Portionen einnehmen könne. Das Einfache wäre gewesen, wenn Prof. Nielsen in einer kurzen, ganz direkten Erklärung gesagt hätte: diese Schriften haben mich überzeugt. Was des Verfassers oder der Verfasser (der Pseudonymen) Meinung ist, ob sie das Christentum angreifen oder verteidigen, ist mir unmöglich zu entscheiden; das ist gerade die Kunst in ihnen. Hier kann und soll nicht die

Rede davon sein, ihm diese Kunst nachzumachen, es würde doch etwas Halbes werden, es ist unmöglich, daß einer dies mehr als halb so gut macht, wie er, der erste. Nein, der Verfasser mag nun böse darüber werden oder nicht: ich verwandele alles in direkte Mitteilung, mich zu einem dienenden Erklärer. Diese intensive dialektische Spannung und Spröbigkeit (der Pseudonyme) giebt sich nur vor einem Gewaltthätigen, aber gegenüber einem Gewaltthätigen ist sie auch wehrlos, denn ihre Pointe ist gerade keine Meinung zu haben. Gut, so bin ich der Mann, der weiß kurz und gut die Gewalt des Glaubens zu brauchen."

In dieser Besprechung, die er ursprünglich zur Veröffentlichung niederschrieb, kleidete Kierkegaard, was er meinte, noch in eine kleine niedliche Geschichte.

„Ich nehme an, hier in der Stadt lebt ein junges Mädchen, Josephine Walter. Sie ist keine Schönheit, aber sie ist ein hübsches Mädchen, ein anmutiges kleines Mädchen, zierlich und niedlich. Sie bekommt diesen Sommer einen neuen Hut, einen Sommerhut. Er ist ihre eigne Erfindung, nicht ganz von derselben Art wie die Hüte der andern jungen Mädchen, nicht ganz nach der Mode — aber, was die Hauptsache ist — er steht ihr ganz allerliebst, was sie auch in aller Unschuld — und das kann sie ja gern — bei sich selbst weiß, und das trägt wieder dazu bei, daß er ihr ganz allerliebst steht. Was dann? Wenn nun die andern jungen Mädchen deswegen, weil der Hut nicht ganz wie die andern ist, behaupten, daß er nicht hübsch sei und Josephinen nicht stehe: das ist kleinlich, das ist Mittelmäßigkeit. Das ist die eine Seite. Nun die andere Seite. Am Wall wohnt die

Witwe Petersen, die Frau des verstorbenen Kammerrat Petersen. Auch sie hört von Josephinens Hut. Was thut sie?
Sie sagt: „ich will meiner Treu auch einen solchen Sommerhut haben.“ Ist das Kleinlichkeit, Mittelmäßigkeit? das ist
ja Enthusiasmus. Ich meine nein, es ist Mittelmäßigkeit,
und deshalb rächt es sich auch. Denn Frau Petersen sieht
nicht bloß rein verkehrt aus, sondern es fehlt auch nicht viel,
daß sie den Verstand verliert, weil sie es nicht in den Kopf
bekommen kann, daß er ihr nicht steht, wenn er doch Josephinen kleidet: „es ist doch ganz derselbe Stoff, derselbe
Schnitt und Façon . . . es ist (ja, das sagte ich ja), es ist
zum Verrücktwerden.“ — Soll ich weiter erzählen? denn ich
nehme an, daß es hierbei bleibt. Aber ich kann ja gern
weiter erzählen, was noch geschehen konnte. Es konnte so
weit kommen, daß die arme Josephine es als ein Unrecht
gegen sie empfinden mußte: denn sagte sie: „es ist doch auch
recht unglücklich mit dieser Frau Petersen, nun ist Alarm
in der Stadt und die Aufmerksamkeit erregt, so daß ich nicht
mehr kann, ja förmlich nicht mehr darf mit meinem Hut
gehen — und (hier kam eine Thräne in Josephinens Auge)
er stand mir bei Gott niedlich. Na, ich frage nichts danach!
Doch eine Strafe könnte ich Frau Petersen wünschen (hier
ist Josephine wieder zu sich selbst gekommen und das gesegnete
Kind lächelt so vergnügt wie je), daß sie in alle Ewigkeit
mit diesem Hut gehen muß, und dann wünsche ich sie zu
sehen: „guten Tag Frau Petersen.“

Laß mich das Bild noch festhalten. Das Ganze ist ja
eine Bagatelle, aber laß mich doch zeigen, was Frau Petersen konnte gethan haben; natürlich konnte sie bei einer solchen

Bagatelle auch nur eine Bagatelle thun, aber es läßt sich
doch zeigen, was ich zu zeigen wünsche. Laß uns annehmen,
daß Josephine Walter Frau Petersen kennt und in ihr Haus
kommt; da konnte sich Frau Petersen auf Josephinens Seite
stellen, und wenn jemand auf Josephinens Hut sticheln
wollte, konnte Frau Petersen ihr zu Hilfe kommen. Und
wenn dann eins der andern jungen Mädchen um sie auf-
zuziehen zu Frau Petersen sagte: Frau Petersen, sie sollten
sich wirklich selbst einen solchen Hut machen lassen, da sie so
enthusiastisch dafür sind — da mußte Frau Petersen antworten: ah, passe sie auf sich selbst, Jungfer Naseweis; ich
bin eine ältere Frau und weiß sehr gut, was mir ansteht;
aber das will ich, was ich hiermit thue, ich will vor Euch
allesamt auf den Tisch schlagen, daß es ein schmucker Hut
ist, daß er Josephinen gut steht, und daß sie unbekümmert
mit ihrem Hut gehen soll." Und wenn ich bei dieser Gelegenheit dabei gewesen wäre, so würde ich mir die Freiheit
genommen haben zu sagen: „das war meiner Treu eine gute
Rede, die trotz mancher Predigt verdiente, daß man ihren
Druck verlangte, und da ich nun einmal in Gesellschaft bin,
wo ich sonst nie hinkomme, will ich (ohne daß ich meine, eine
Nachäffung zu verschulden), dasselbe thun wie Frau Petersen,
ich will, was ich hiermit thue, auf den Tisch schlagen: Ehre
sei Frau Petersen und Scham dem, der nicht ihr Wohl trin-
ken will." — — Sieh, so sollte es sein.

Vielleicht bin ich verstanden? ... Gut, das ist die
Hauptsache." Kierkegaard dachte übrigens, bei der Mißgunst
gegen ihn selbst würde Nielsen Glück haben; man würde als
Nielsensch annehmen, was man als Kierkegaardsch nicht wollte.

Doch gerade weil Nielsen die Abhängigkeit von Kierkegaard so wenig betont hatte, hob man sie hervor. Mynster sagte z. B. zu Kierkegaard über Nielsen: „So sich selbst aufgeben und einen andern kopieren ist doch zu thöricht; von einem Extrem (als absoluter Hegelianer) zum andern stürzen. Beeinflußt von Ihnen und Ihren Schriften sind wir ja alle, das erkennen wir alle." Ähnlich klang es auch in der Presse.

Kierkegaard sprach mit Nielsen privatim darüber, auch über das, was er in der Durchführung vermißte. Nielsen meinte das nächste Mal werde es besser glücken. Aber die kleine Schrift über die abschließende Nachschrift und Martensens Dogmatik befriedigte Kierkegaard auch nicht, einerseits, weil sein Buch nur zum Angriff auf Martensen benutzt war, andrerseits, weil dieser Angriff, wenn er einmal geschehen sollte, nicht gründlich genug war. Später gab Nielsen zwölf Vorlesungen heraus, die ähnlich wie das erste Buch gehalten waren. — Man muß dabei indes auch bedenken, daß Nielsen mit gutem Grund Bedenken tragen konnte, Kierkegaards Darstellung in direkte Mittelung zu verwandeln, und guten Grund hatte die Form als etwas Wesentliches anzusehen. Sein Vorgehen trug übrigens immerhin viel dazu bei, auf Kierkegaard ernstlicher aufmerksam zu machen. Doch hatte Kierkegaard richtig voraus gesehen, daß Nielsen nur eine Seite seines Werkes weiter verfolgen werde; und damit gewann sich Nielsen eine bedeutende Stellung.

In seinen letzten Lebensjahren dachte Kierkegaard noch eine Erklärung über sein Verhältnis zu Rasmus Nielsen zu veröffentlichen, weil man diesen öffentlich seinen Apostel nannte; bei der Besprechung seines Buches: „Über persönliche Wahrheit und wahre Persönlichkeit, zwölf Vorlesungen." Unter der Überschrift: „Ist Sinn darin, Professor Nielsen meinen Apostel zu nennen?" sagt er da zunächst, was allgemeine Bedeutung hat:

Wie bekannt, ist es eine alte, alte schlechte Gewohnheit in der Welt, besonders allgemein in kleinen Verhältnissen, wo sie gerade am verderblichsten ist, die stärksten, die höchsten Ausdrücke von dem Unbedeutenden zu brauchen, womit man sinnlos alles verwirrt, das wahrhaft Große betrügt, und alles thut, um rettungslos tiefer und tiefer in selbstzufriedene Jämmerlichkeit und eingebildete Mittelmäßigkeit zu versinken.

Wenn da in Korsör ein Mann lebt, der zu Königs Geburtstag und ähnlichen Gelegenheiten Gedichte macht: augenblicklich ist er Korsörs Goethe; treibt er es so weit, eine Art Komödie zu schreiben, die auf dem Privattheater der Kleinstadt aufgeführt wird, so ist er Korsörs Shakespeare — also er ist Goethe und Shakespeare . . . Und wenn der Malermeister in Korsör außer den Schildern auch ein Porträt malt: augenblicklich ist er Korsörs Raphael."

So dieser Gebrauch des Wortes Apostel. Dann wollte er ausführen, wie wenig Nielsen Veranlassung dazu gegeben, der ihn ja eher ignoriert habe und als ganz selbständig auftrete.

Auch mit den Artikeln, mit welchen Nielsen bei Kierkegaards letztem Streit eintrat (vergl. Verfasser-Existenz S. 151), war dieser nicht einverstanden; er sah darin eine Art idealisierende Verschiebung. Nielsen scheint da mit Martensen das Abkommen treffen zu wollen, daß allerdings Kierkegaards Einspruch gegen die Proklamation Mynsters als

Wahrheitszeugen menschlich angesehen, wie Martensen gesagt hatte, eine schlechte Handlung sei, aber in weit höherem, in göttlichem Sinn vielleicht ein gutes Werk sei — während er doch dabei nicht die geringste ethische Verpflichtung verletzt habe. Das sei ein dichterisches Arrangieren gerade wie das andere, daß er „den unglücklichen Martensen", eben da er sich in unglücklichster Weise verrannt habe, auffordere als Oberhaupt der Kirche, gleich einem Papst, zur Beruhigung der Kirche „ein unfehlbares Urteil" abzugeben.

Hätte Kierkegaard das Verhältnis nicht so schwebend gehalten, wollte er Nielsen direkt beeinflussen — so beeinflussen, wie er es eben in Achtung der menschlichen Persönlichkeit nicht für recht hielt — dann ging es offenbar ganz anders. Aber diese Achtung der Selbständigkeit des Menschen sah er von dem Herrn selbst geübt, wie er in der „Einübung" ausführt.

Das Verhältnis zu Rasmus Nielsen hat ihn viel beschäftigt, und wehmütig berührt; aber wie es der einzige Versuch zu einer näheren Gemeinsamkeit in dem Werk ist, so ist es auch das stärkste Zeugnis, daß Kierkegaard sein Wort von dem Einzelnen im Leben bestätigt fand, weil die Voraussetzungen bei ihm zutrafen. Sein Leben ist auch in dieser Beziehung eine Bestätigung seines Satzes: Jeder Mensch hat von der Hand des Schöpfers eine solche Eigenart, daß wenn er wirklich Gott liebt, er doch, auch wenn alle Christen wären, gleichwohl in Kollision mit den andern kommen wird. Denn wer wirklich Gott liebt — das ist ja die Meinung in dem Satz — der gestaltet in Treue zu Gott seine Persönlichkeit aus, deren Eigenart und Unterschied darüber fühlbar wird.

In den letzten Gesprächen, die sein Jugendfreund Boesen Ende Oktober 1855 im Krankenhause mit Kierkegaard
hatte, sagte er: Wie vieles in Deinem Leben ist wunderbar
gefügt! Ja, sagte Kierkegaard, ich bin darüber sehr froh und
sehr wehmütig, denn ich kann die Freude mit keinem teilen.
Es ist meines Wissens das letzte bedeutungsvolle Wort
Kierkegaards und dieses giebt der Wehmut über die Ver-
einzelung — gerade auch dem Jugendfreund gegenüber —
Ausdruck. Diese Wehmut kann ja nicht fehlen, wo Liebe zu
den Menschen ist, aber ihre andere Seite ist die Sehnsucht
nach der Ewigkeit und nach der „Gemeinschaft der Herr-
lichen", von der Kierkegaard oft sehnend spricht; dort wartet
das Einverständnis, das hier, wo alles im Werden ist, denen
mangelt, die weit gekommen sind.

Mit den üblichen Erfahrungen verglichen, scheint es
freilich eine Unvollkommenheit bei Kierkegaard zu sein, daß
er so vereinzelt stand, während doch so gut wie jeder herzliche
Gemeinschaft mit vielen oder doch manchen findet. Aber
wenn man daran denkt, daß der Apostel Paulus sich verlassen und vereinsamt sah unter den Christen und geopfert
in Ähnlichkeit mit seinem Herrn — den alle verließen —
kann man auch verstehen, daß eine Vollkommenheit darin ist.
Es ist die Idealität darin ausgedrückt, daß der Mensch auf
Gott angewiesen ist, und es auch aushalten kann, keinen
wesentlichen Halt an Menschen zu haben, den er in dem
Maße hinter sich lassen muß, wie er sich an Gott hält.

## Bemerkungen.

Nach Prof. Bröchners Zeugnis ist Kierkegaard im Sommer 1846 nach Berlin gereist; er war mit ihm dort zusammen, aber K. blieb nur einige Tage; es war keine Abwesenheit, die merklich und wirksam wurde, deshalb kommt sie im 2. Kap. nicht in Betracht. Bröchners Erinnerungen (det nittende Aarhundrede af Georg og Edvard Brandes 1877 März) geben, um das hier zu bemerken, eine Anzahl sehr charakteristischer Belege, wenn man einen vollständigeren Über= blick über Kierkegaards Persönlichkeit hat, als sie Bröchner damals haben konnte.

Den im gleichen Kapitel berührten Unterschied im Gesichtspunkt der abschließenden Nachschrift und der späteren Werke drückt A. auch so aus: Die abschließende Nachschrift bespricht die innerlichen Schwierig= keiten bei dem Eingehen auf das Christentum und ihre Bedeutung. Daher verweilt sie bei den Anstößen für den Verstand, dem Para= doxen, der historischen Bürgschaft u. s. w. Die späteren Werke stellen auch die Schwierigkeit dar, daß der Christ in dieser Welt leben und in ihr ausdrücken soll, daß er Christ ist. Auf die Frage: wie kann bei solchen Anstößen einem Menschen einfallen, auf das Christentum einzugehen, antwortet die Nachschrift: „wenn er an seiner eignen Selig= keit interessiert ist!" Die späteren Werke antworten: „schweige, du sollst! das Christentum ist das Absolute!" zugleich aber auch: „weil dein Sündenbewußtsein dich zwingt."

Zu den Äußerungen K.s im 3. Kap. über Luther will ich er= innern, daß Luther selbst in den Tischreden geäußert hat, er habe die Menschen nicht genug gekannt, und sehe mit Kummer, welche Anwen= dung sie von dem Evangelium machen.

———

# Inhalt.

———————